高校生の就職試験

一般常識
&
SPI SPI3完全対応! 2025年度版

柳本新二 著

TAC出版
TAC PUBLISHING Group

はじめに

　本書は，高校生向け就職試験の筆記試験を通過するための総合問題集です。

　筆記試験でよく課されるカテゴリーを，一般常識問題と，SPIという最もよく使われる適性試験に絞って，それぞれで問われる単元の基本から難度の高い実践問題までバランスよく選んで構成しています。

　文部科学省によると2023年3月末時点の就職率（就職者の就職希望者に対する割合）は全体として98.0％（前年同期比0.1ポイント増）になっています。

　これから就職活動を始める皆さんには自分の進みたい業界や就きたい仕事をよく考えて，それが見つかったとき，筆記試験を通過できる知識を身につけ，そして満足いく就職活動をして，希望する仕事を手にしてください。

　そのようなスタートを切るためには，最初のハードルである筆記試験を通過できる力が必要になります。

　多くの企業が面接の前に筆記試験を行い，ある程度人数を絞ります。そこを通過した人だけが面接に進めるので，ここはクリアしたいところです。

　それには，非言語分野では「基本計算を速く解く力」，「式を立てる力」「グラフを読み取る力」「推論する力」など，言語分野では「言葉を知る力」「読み取る力」「判断する力」「表現する力」が必要になります。

　本書を通して，筆記試験を通過できる力を強化してください。

　この問題集を使った皆さんが一人でもたくさん内定を取り，笑顔で春を迎えられることを願っています。

　目指せ，納得内定！

株式会社 Business Career Gate
代表　柳本新二

高 校 生 の 就 職 試 験
一般常識&SPI

就職を目指すみなさんへ

就職は自分の将来を自分で決める最初のセレクトだ!

　高校の卒業をひかえ，これから就職活動をしようとしている皆さんは，今，とても大きな分かれ道に立っているといえます。製造業や流通業，または公務員など，どのような企業に就職するとしても，皆さんの社会人としてのスタートとなります。もし転職などの転機が生じた場合にも，それまで何を得てきたかといった査定も行われ，自分のキャリアが測られていくことになります。

　社会人になっても，向学心がある場合は働きながら大学に通うこともできます。またその先には大学院もあり，研究者として実業の経験を活かすこともできます。そのためには，いろいろな可能性も含めて高校を卒業した後にどんな自分になりたいのか，ということを深く考えておきましょう。そして行動することが，自分の殻をやぶることに繋がります。

　メジャーリーグに行った大谷翔平選手は，まず「メジャーリーグに入ること」を大きな目標に捉えて，そうなるために高校生のときから「今日取り組むべきこと」は何かをしっかりと見据えて達成したそうです。

　高校生の就職には，「一人一社制」という独特の慣例があります（近年は複数受験が可能な自治体もあります）。高校生が応募できるのは原則1社とするものです。これには大きな決断が必要となることがいえます。そして，ミスマッチによる早期離職率を高くする原因になっているとも考えられています。新規高卒就職者の就職後3年以内の離職率は35.9%でした（厚生労働省2022年公表）。

　離職時の理由としては，「人間関係」「仕事が自分には合わなかった」「労働時間・休日・休暇の条件がよくない」「キャリアアップの機会不足」などがあります。このことから就業者が，楽しく働きたい・個人の生活と仕事を両立させたい，といった希望をもっていることがわかります。

　一方，企業側にとっては，早期退職をしてしまうのではないかといった心配もあり，求める人物像と一致する人物を採用したいと思っています。

激動の時代，企業が期待する資質としては，「コミュニケーション能力，協調性，チームワーク」「主体性」「基本的な生活習慣やマナー」などがあげられています。

就職活動の対策として皆さんが事前にできることは，志望動機や自己PRなどでその企業で働く自分の姿や，どう成長していきたいかなどを事前にしっかりとまとめておくことです。

そのためには自分のことをいろいろな人に聞いてみるなどして，自分の強みや性格について客観的に把握しておくことが大切です。

短所が気になる場合には，例えば短気であると思うなら，「ひとつのことに集中するより，複数のことを同時に進めることが得意です」といったように，長所に結び付けた肯定的な捉え方をしてみましょう。

自分の人生の多くの時間を過ごす職場は自分の目で見て，納得する環境を選べることが大切です。納得した会社に入ることが，その後の自分の生き方に大きく影響を与えます。悔いのない第一歩を是非，踏み出してください。

就職状況データ (文部科学省「新規高等学校卒業者の就職状況に関する調査」より作成)

2023年3月末の新規高等学校卒業者の就職率は，首都圏だけでなく地方の就職率も90％以上の結果が出ており好調といえます。業種によっては需要が高まることも予想されます。

◎学科別就職率 (抜粋。%)

工 業	99.3	看 護(5年次)	98.6
情 報	99.1	家 庭	98.4
農 業	98.7	福 祉	98.4
商 業	98.7	総合学科	97.6
水 産	98.6	普 通	96.3

全都道府県	卒業者数(人)	就職希望者数(人)			就職者数(人)			就職率(%)		
		男女計	男 子	女 子	男女計	男 子	女 子	男女計	男 子	女 子
合 計	968,303	137,843	86,586	51,257	135,035	85,178	49,857	98.0	98.4	97.3

◎高校新卒者の就職状況の推移

卒業年	卒業者数	就職希望者数	就職者数	就職率
2019	1,056,847	187,342	183,891	98.2
2020	1,041,827	182,634	179,243	98.1
2021	1,017,259	161,093	157,728	97.9
2022	996,372	147,739	144,650	97.9
2023	968,303	137,843	135,035	98.0

就職活動の流れ

　就職活動にあたっては，高校の進路指導室に貼ってある求人票や冊子になった求人ファイルなどから企業を探します。企業によって給与，勤務場所，求人数，職種などが異なるので，時間があるときに見ておくことを勧めます。気になる企業が見つかったら，必ず担当職員や担任の先生に詳しく聞くことが大切です。高校と企業の関係は深い場合が多いので，相談することで直接企業情報を聞けたり，事前審査のアドバイスを受けることもできます。

　高校の就職活動は「一人一社制」のルールがあるので，原則一人一社ずつしか選考を受けることができません。そのため内定を獲得した場合は，その企業の内定を承諾することになります（近年は複数受験が可能な自治体もあります）。また，高校生が作成する履歴書は「全国高等学校統一用紙」を使用します。

　会社の情報収集はインターネットを利用した各社のホームページ閲覧や会社見学，担任の先生の評判，保護者の意見，現地に行って自分の目で確かめる，などの方法があります。情報収集の段階では業界を決めずに，自分が働きやすそうな会社を数社選んでみましょう。

　次に，自分が働くことがイメージできそうな会社環境を絞ってみましょう。そのためには，会社の雰囲気・相性，労働条件，働きたい職種の有無などについて詳しくしらべましょう。

1年生
欠席回数を増やさないこと。
科目の単位は全て取っておく。
資格試験は積極的に挑戦しておこう。
部活動も参加しよう。

2年生
募集企業一覧を見ておこう。
先生からの情報収集を積極的に行おう。
各種検定にチャレンジしてみよう。
＊　1月〜3月：三者面談が始まる

3年生
志望企業を固め，受験。民間企業か公務員か，製造業か販売業か，事務か現場か，といったことも考えて，自分らしく働ける環境を選ぼう。一人一社制に注意すること。
＊　4月〜：就職説明会開始，7月〜：企業選定，職場見学
　　9月〜：応募書類提出，採用選考，面接開始　→二次募集

就職試験について

大切な準備には，つぎのようなものがあります。

> **書 類 作 成** （成績証明書・履歴書・志望書）

> **筆 記 試 験** （学力試験・適性試験）

> **面　　　接** （個人面接・グループ面接・グループ討議）

1　書類について

　　成績証明書は各学校の担任を通して用意してもらえるので，提出期限前に手元に持っておくように。学校によっては作成に日数がかかる場合があるので，慌てないように前もって用意しましょう。近年は採用時にあまり重視されなくなりましたが，それでも自分で書く履歴書や志望書は，つぎの点に注意してください。

①文字は丁寧に書く②印鑑を押す場合は枠をきれいに，大を真上に押す③年号など数字は正確に書く④学校名は正式名称で書く⑤住所は丁目，番地，号を正確に書く

2　筆記試験について

　　受ける人が多い場合は，これで振るい落としになる場合があります。解ける分野を増やして得点の高い結果を出せるように速さと正確さを身につけてください。

国　　語：漢字の読み，書きの基本，四字熟語の穴埋めと意味，ことわざの意味。
　　　　　　文章題は問題から読んで解答の見当をつけて文章を見る。

数　　学：基本計算（×・÷・−・＋）やその混合計算ができるように。
　　　　　　計算は，正確さとスピードが必要です。
　　　　：文章題も基本が多いですが，式が作れるように練習しておく。
　　　　：図形の面積・体積・周などの公式は覚えておく。

時事問題：芸能・スポーツ・文化・社会などの問題が出ますので，毎日ニュースの主要な見出しは見ておくほうがよいでしょう。今の首相の名前，高校野球の優勝校，世界遺産，環境問題なども出題されます。

3　面接について

　　第一印象がとても大切なので，ドアをノックしたら大きな声で「失礼します」と挨拶。中に入るときには，背筋を伸ばして入り，常に笑顔で受け答えをします。

　　声は大きめでハキハキと話し，聞き返されることのないようにゆっくり話す。

　　退出の際は，はっきりと「有難うございました。失礼します」と言って，一礼して退出。

ビジネスマナーは最も基本かつ大切な心がけなので，キッチリと！

SPIとはどんなものか

SPIは適性検査のひとつで，高校生用はSPI-Hで表されます。「能力検査」として非言語・言語の2分野があり，一問一答形式で出題されます。これに「性格適性テスト」を加えた3種類の検査で構成されています。

ペーパーテスティングのほかテストセンター形式等もあり，PCやスマートフォンからも受けられます。例えば，テストセンター形式での検査時間は，能力検査35分，性格検査30分となっています。

SPIは初版リリースから約50年，現在では年間15,000社以上の利用実績があります。大企業向けと思われがちな検査ですが，約7割は従業員300人未満の中小企業であり，企業規模・業種を問わず，多くの業界で使われています。

SPIでは何が測られるのか

SPIでは，受検者の強み・弱みや性格特性が分かります。強みや弱みは5段階で表され，総合評価にも使用されます。職務への適応のしやすさや組織への対応のしやすさなど，幾つかの能力が測られるものであり，コミュニケーション能力や新しい知識の吸収力，理解力など，どのような職務においても求められる，ベースとなる能力を測定します。

SPIの対策

対策の時期は早ければ早いほどいいですが，苦手分野の理解など，いくつもの個人的な違いがあるでしょう。

本書で効率的な解き方をつかみ，過去問題集などにも取り組みましょう。ひととおり解いてみて自身の得意不得意などを理解し，解けなかった問題を中心に1問ずつ確実に解けるように解き慣れてください。復習の質を上げることが近道です。正答率8割以上を目標にしましょう。

レベル的には極端に難しい問題が出題されることはあまりないため，小学校から高校までに習った知識を上手く生かせば，正しい回答を導くことができます。

具体的には，1問あたり平均目標30秒くらいで解ける速さが大切です。したがって計算を何度もすることなく一度で計算ができるくらいの暗算力を高めましょう。

特にうっかりミスは必ず起こり得るため，問題を1回だけよく読み，質問をよく理解して，ミスを減らすことが重要です。最初の答えがきっちり計算できていて，じゅうぶん考えた答えだという「自信」が必要です。つまり暗算を駆使して速く解き，ミスなく答えを出すという「速さと正確さ」が必要になります。

主な試験内容

1 非言語分野

　OA（オフィス・オートメーション）やICT（情報通信技術）化が進んでいる現在では，統計処理，数理管理などは，とても重要な仕事になります。

　非言語分野では，日常の業務での数的処理能力，論理的判断，思考・知覚の速さ・正確さなど，数字を使った業務処理能力がどれだけあるかが測定されます。

内　　　　　容：基本的計算（速さ・金銭に関する設問・濃度算・虫食い算・植木算・仕事算など），実践的問題（場合の数・組合せ・確率など），思考問題（推論・集合・グラフを使った思考など）

解 答 時 間：1問2分以内めやす

解 答 方 法：選択式で記号で答える

2 言語分野

　企業内の業務活動は，対人折衝能力・意思伝達・文書作成など，言語を通して行われる活動が中心になります。

　その活動が円滑に支障なく行われ，仕事をうまくこなす能力がどの程度備わっているかを知ることが，採用側にとってはとても大切です。言語分野では，作業遂行に必要な言語運用能力が，どの程度あるかが測定されます。

内　　　　　容：言葉に関する問題（同義語・反意語・二語の関係・敬語・ことわざ・慣用句・長文読解など）

解 答 時 間：1問1分以内めやす

解 答 方 法：選択式で記号で答える

3 性格適性検査

　面接に加えて客観的な指標で適性を確認するものです。

　「対人」には，関係構築，交渉・折衝，リーダーシップ，「協調」では，チームワーク，サポートという細目が評価項目としてあげられています。

　実際の問題では，周期的に同じ問題が繰り返されます。なかには表現を変えて同じ内容を問う質問も出題され，正直さや一貫性などが評価されます。ですから，まずはリラックスして正直に素直に答えてください。極端に偏向した回答を出さない限りは大丈夫です。必要以上に心配しないでいつもの自分を表現するようにしてください。

　それから，この性格検査は必ず全問に回答してください。未回答問題が多い場合は，応答態度でチェックが入るかもしれません。

SPIの心構え

1 本書でわからない問題は解けるように復習

　最近のSPI検査の内容は，30種類くらいあるといわれています。同じ問題に出合う可能性は低いですが，その傾向は似ています。ですから，本書でできなかった問題は，できるまでやり直し，速く確実に解けるようにしておくことが大切です。

2 80%以上を目指す

　大学生と違って，高校生の場合は対策講座やセミナーなどに参加することはあまりないでしょう。日頃から，漢字や計算能力を付けるためには，中学生用のドリルを繰り返すなど，間違った問題，解けない分野の克服が大切です。80%以上の正答率をとる気構えで準備することが大切です。

　それだけのスコアをとれれば，それで落とされる危険性は，よほどの人気業界に優秀な志願者が集中した場合を除けば，まずないでしょう。

3 非言語分野の克服が分かれ目

　SPIで一番難しいのが非言語分野です。

　これには，主に数字や計算にかかわる問題とグラフや図表の読み取り，与えられた条件から判断する推理及び論理的思考を試す問題などが入ります。

　計算分野は，金銭の計算，速さ・時間・距離，グラフ，推論など，いろいろな種類の問題が出されます。

　最近は，単に計算能力をみる問題よりも，思考力を問うものや図表の読み取りなど，実際に仕事に役立つ力をみる問題が増えています。

④—焦らないこと

　SPIは，いわば時間がない状況に追い込んで，問題を解かせるというタイプの検査です。わからない問題にいつまでもこだわっていると，あっという間に時間が過ぎてしまいます。80%以上の得点を目指すのですから，わかるところからどんどん解いていきましょう。全部解いてみて時間が余ればわからない問題に戻ってください。ただし，コンピュータ試験の場合は戻れないので注意が必要です。焦ってパニックになれば出題者の思う壺です。気持ちの落ち着きを保って試験に臨むようにしてください。

SPIの特徴と対策　*10*か条

1　SPIは，「速さ」と「正確さ」を測る！

2　SPIは，「焦り」は禁物！

3　SPIは，非言語分野攻略が合否の別れ目！

4　SPIは，わかるところから解いていく！

5　SPIは，基本計算の速さがポイント！

6　SPIは，計算系・判断系・推理系がある！

7　SPIは，1問30秒で解く速さを目標に！

8　SPIの性格検査は，初めに思ったものを選ぶ！

9　SPIは，「誤謬率（ごびゅうりつ）」というモノサシもある！

10　SPIは，言語分野で満点を目指す！

※誤謬率とは，正解だけでなく，どのくらい間違えたかもみるものなので，決して闇雲にでたらめを書けばよいというものではない。

この本の使い方

　本書は高校生の就職試験における一般的な常識問題を集めたものです。採用試験で出題された問題を元にレベルと問題の形式を考えて構成しています。多くの問題はどの科目もこれまでに中学・高校で学んできた基本的な事柄が中心に出されています。

　ですから全く手が出ないというものではなく，一時的に忘れているもの，苦手で理解にいたっていなかったけれど知っているというものがほとんどです。今まで習ったことをここでおさらいしておきましょう。

　必ず活かされる時がやってくるでしょう。

◎重要科目別に配置

　就職試験でよく出る科目順に並べています。また，科目の中の単元ごとに類題を多くして，より多くの演習ができるようにしました。

　科目ごとに分かれているので，どこからでも始められます。

◎科目ごとの傾向と対策

　各科目の冒頭に傾向と対策を書いています。これを読んで勉強のポイントを押さえて効率よく準備を進めてください。そして合格するための科目学習に役立ててください。

◎習うより慣れろ

　練習問題を多く載せていますのでとにかく始めてみて，どれだけできるか，どんなレベルのものが出るか，どこまでやればいいかを把握してください。

　問題を捉える感覚が身につけば，半分征服したようなものです。

◎一般常識とSPIの両方を一冊に

　この本は一般常識問題とSPIの問題が入っているとても便利な問題集です。この2つは入社試験の2大テーマですので，これを制覇することは筆記試験の大きな部分をクリアできるものと言えます。

一般常識の試験対策

いつから始めるか

　短期間で一気に仕上げることもできますが，できるだけ遅くとも**試験3か月前くらいから始めて**徐々に覚えるペースを速めるといいでしょう。一通り全て解いておき，それから間違ったところを見直していく作業を始めます。試験までの時間を逆算して**80％以上取れる**ように，自分なりのペースを調整しましょう。

合 格 レ ベ ル

　どこまで得点できればいいかは会社によって異なります。

　人気の高い会社では90％以上の高いレベルで合否ラインを決めるところもあります。一般的には得点順に一定人数まで取ったり，平均レベルでいいところもあります。いずれにしても**あまり低すぎる結果だとダメ**になる場合が高いので，少なくても平均レベルは取れるようにしましょう。

試 験 の 当 日

　一般常識問題は単に問題を解くだけではなく，社会人として知っていてほしいレベルを満たしているかを知るためのものです。ですから，できるところから答えを書き進めて，わかる問題を見落とすことのないように気をつけてください。

試験の概要

　一般常識の問題は，皆さんの実力を知るためや選別のために使われます。特にその中で国語に関する科目は**とてもよく出題されます**。これは，仕事や普段の会社でとてもよく使われるものなので，その力がどのくらいあるかを確かめる意味合いがあります。新聞が問題なく読めるか，社内文書がきっちり読めて内容理解ができるかなどです。

　国語はその人の知識だけでなく，思考力，判断力，認識力，理解力などいろんな資質がみえる科目です。普段からどれだけ文字に接しているかが問われるところです。クイズ，漫画，小説，資料など，いろんな書物に接して，文字との接触頻度を高めておきましょう。

よくでる単元

　注意すべき項目としては，漢字の読み，書き，同意語，反意語，四字熟語，ことわざ，慣用句，文学史，作法などです。

　義務教育で習った漢字の読みは全ての基礎となるとても大切な単元です。

　「読み」は，基本的な**漢字は全て読めるように**しておきましょう。ここは得点源です。難読といわれる漢字をいくつ読めるようになるかがポイントになります。問題を解くというより，クイズをする感覚で気楽に取り組んで全体を確認しましょう。

　「書き」は，基本を忠実に，**正確に書ける**ことが先決です。文脈から判断して，文章全体から考えると漢字が出てきやすくなります。はね，とめなど正確に書けるようにしましょう。また，綺麗に書けなくてもていねいに書いておくと，いざという時に正しい漢字が書けます。「書き」は特に正確に書けていないと〇にならないので，注意して正確に書くことが大事です。

漢字の覚え方

　漢字はそれぞれ意味を持っているので，文の中の意味と漢字の意味を考えながら判断すると覚えやすくなります。

　間違った漢字は6回くらい書くとだいたい覚えられます。覚えた漢字が5つになったら，5つまとめてもう一度確認テストすると定着がしやすくなります。

　5つ覚えたら10個ごとにもう一度繰り返しましょう。読みにくい漢字，特殊な読みの漢字などと順を追って少しずつレベルを上げて覚える項目を増やしていくと，無理なく覚えられるでしょう。

漢字の読み

> これが重要!
>
> 熟語として全体の意味を推測する
> 訓読みは漢字ごとに意味をとらえる
> 故事成語・ことわざは書けるより読みが大事
> 四字熟語は，2語ずつ意味を持つものが多い

高得点への対策

　◎漢字はまず読めること。基本は小学校・中学校の漢字にある。

　◎難読や特殊な漢字は読めればよい。

　◎難読は，動物・植物・地方など，シリーズでまとめて覚える。

　◎読めない語は書けないことが多いので，書いて覚えよう。

●**例題**　次の漢字を読みなさい。

A. 恩　恵　　　B. 参　画　　　C. 寄　与　　　D. 健　全　　　E. 福　祉

F. 羊　歯　　　G. 陽　炎　　　H. 倫　敦　　　I. 枝葉末節　　　J. 臨機応変

K. 自業自得

→**解答**　A. おんけい　B. さんかく　C. きよ　D. けんぜん　E. ふくし　F. しだ　G. かげろう

　　　　　H. ロンドン　I. しようまっせつ　J. りんきおうへん　K. じごうじとく

◎漢字の読み

1. 次の漢字の読みがなを書きなさい。

[基礎A]

①奇跡　　②故意　　③久遠　　④勘定　　⑤黄昏　　⑥娯楽　　⑦流儀

⑧体裁　　⑨祖父　　⑩遅延　　⑪浴衣　　⑫戯曲　　⑬岐路　　⑭承諾

⑮首相　　⑯過失　　⑰支度　　⑱素人　　⑲重複　　⑳所以

[基礎B]

①繕う　　②耕す　　③採る　　④承る　　⑤司る　　⑥叱る　　⑦和む

⑧長ける　⑨急かす　⑩予め　　⑪育む　　⑫勤しむ　⑬担う　　⑭割く

⑮就く　　⑯儲ける　⑰失せる　⑱募る　　⑲諮る　　⑳応える

[基礎C]

①貢献　　②遵守　　③丁寧　　④接遇　　⑤余剰　　⑥報酬　　⑦幸先

⑧山車　　⑨知己　　⑩枚挙　　⑪声色　　⑫真紅　　⑬拾得　　⑭詩歌

⑮言質　　⑯早急　　⑰常夏　　⑱門戸　　⑲反物　　⑳若干

[基礎D]

①潔い ②頒布 ③炊飯 ④唯一 ⑤忌中 ⑥木綿 ⑦遊説

⑧梱包 ⑨重複 ⑩所謂 ⑪案山子 ⑫欺く ⑬過ち ⑭戒める

⑮遮る ⑯潤う ⑰陥る ⑱赴く ⑲海浜 ⑳省みる

2. 次の下線部の漢字の読みがなを記しなさい。

①酒屋を営む ②良心を欺く ③鮮やかな色だ

④焦ると失敗する ⑤うまく操る ⑥淡い色の組み合わせ

⑦窃盗で訴えられた ⑧険しい山道 ⑨快い風が吹く

⑩よき風習が廃れる ⑪技術を培う ⑫希望者を募る

⑬文章を練る ⑭寒さが緩む ⑮新しい支店に赴く

⑯歯を研ぐ ⑰入会を強いる ⑱滑らかな表面

⑲スランプに陥った ⑳鈍い感覚

3. 次の漢字の読みがなを記しなさい。

①神楽 ②遂行 ③欠伸 ④反故 ⑤従容 ⑥悪寒 ⑦回向

⑧蚊帳 ⑨境内 ⑩健気 ⑪解毒 ⑫仮病 ⑬献立 ⑭建立

⑮昔日 ⑯凡例 ⑰就中 ⑱刹那 ⑲遊説 ⑳出納

4. 次の熟語の読みがなを記しなさい。

①三味線を弾く ②相撲を取る ③数奇屋つくりの家

④土産物を買う ⑤五月雨が降る ⑥波止場に船が着く

⑦木綿のシャツ ⑧紅葉狩りに行く ⑨大豆を炒る

⑩小春日和の陽気 ⑪硫黄のにおい ⑫梅雨の季節

⑬乳母車を押す ⑭雪崩にあう ⑮河岸に出かける

⑯因縁の対決 ⑰怪我をする ⑱克己心を持つ

⑲金銭の貸借 ⑳生粋の江戸っ子

5. 文中の誤字を訂正しなさい。

①純心な子供たちばかりだ ②一諸に買い物に行こう

③新築で快的な生活ができる ④専問家に来てもらおう

⑤仮空の物語を書こうと思う ⑥今日の父は気嫌がよい

⑦学力底下は深刻だ ⑧遇然，友達に遭った

⑨駅で週間誌を買った ⑩教授の講議は興味深い

⑪欠点を指適する ⑫早く舞台を仕末しよう

⑬ここは除行して通過する ⑭いまや携帯電話は不可決である

⑮健実な生活を送ろうと思う ⑯打協しない精神力を持つ

⑰証明書を粉失した ⑱進路を防害された

⑲この薬は腹作用がきつい ⑳冷短な態度に怒りを覚えた

memo

2. 漢字の書き

これが重要!

基本の意味から推測する
訓読みは送りがなを正確に
反対語とともに覚えると効果的
四字熟語は，関連のある語が空欄になる

高得点への対策

◎訓読みは送りがなと共に書いて覚える。

◎難読，特殊な語，紛らわしい語は書きは出ない。

◎難読は，動物・植物・地方など，シリーズでまとめて覚える。

◎書けない語は6回くらい声に出して書いて覚えると頭に残りやすい。

●例題　次の漢字を書きなさい。

A.　おぎなう　　B.　こころよい　　C.　いさぎよい　　D.　はかい

E.　けいぞく　　F.　にんたい　　　G.　せんもんか　　H.　たいへいよう

I.　ごがくりゅうがく

→解答　A. 補う　　B. 快い　　C. 潔い　　D. 破壊・破戒　　E. 継続　　F. 忍耐

　　　　G. 専門家　　H. 太平洋　　I. 語学留学

◎漢字の書き

1. 次の下線部のカタカナを漢字に書き換えなさい。

①敵をウち取る　　　　　　　　②説明にナットクする

③ユダン大敵だ　　　　　　　　④シドウシャは誰がなるのか

⑤フクザツな地図だった　　　　⑥ケンサ期間はおとなしく

⑦地域にコウケンする　　　　　⑧未来にキタイする

⑨寺のケイダイに集まろう　　　⑩全てショウチしました

⑪若い人のナヤみ　　　　　　　⑫理由をタズねる

⑬アマい味のお菓子　　　　　　⑭よくキく薬

⑮きのこをトる　　　　　　　　⑯台風にソナえる

⑰ヤサしい問題　　　　　　　　⑱タイグウのいい会社

⑲海外でスごす　　　　　　　　⑳神にイノる

2. 次のカタカナにあてはまる漢字を書いて熟語を完成させなさい。

①ソッ先　　②神ワザ　　③力去　　④コウ買　　⑤ヒョウ論

⑥皮フ　　　⑦サイ難　　⑧採タク　　⑨利エキ　　⑩チュウ車場

⑪リン理　　⑫特チョウ　⑬サッ覚　　⑭引ソツ　　⑮ギ式

⑯証コ　　　　⑰店ポ　　　　⑱故キョウ　　　⑲支エン　　　　⑳大シュウ

3. 次の漢字の誤りを正しなさい。

①布を断つ　　　　　　　　　②悲しくて鳴いた
③上司に徒わねばならない　　④若い薬を飲む
⑤大事なものを拾てた　　　　⑥古い寺を尋ねる
⑦海に浴った町並み　　　　　⑧失敗を攻められた
⑨仕事に着く　　　　　　　　⑩答えが会う

4. 次の読みの漢字を書きなさい。

①かんしょう
　　A　カンショウ用の植物　　　B　音楽カンショウ
　　C　内政カンショウする　　　D　カンショウにひたる

②かんしん
　　A　親を敬うカンシンな子供　　B　経済にカンシンがある
　　C　上司のカンシンを買う　　　D　そんな考えはカンシンにたえない

③しこう
　　A　シコウ錯誤する　　　　　B　海外シコウが高まる
　　C　国がシコウする社会　　　D　新法がシコウされた

④おさめる
　　A　成功をオサめる　　　　　B　税金をオサめる
　　C　国をオサめる　　　　　　D　学問をオサめる

⑤かえる
　　A　洋服の色をカえる　　　　B　アイデアをお金にカえる
　　C　千円札を100円玉にカえる　　D　米にカえてパンを買った

5. 次のカタカナの部分を漢字に直しなさい。

①アヤマちを改める　　　　　②工事をウけ負う
③ゲネツ剤を飲んでおいた　　④コクメイに事情を記しておいた
⑤ジマンできるところが必ずあるはず　⑥ゼンゴサクを講じよう
⑦テツヤの作業が続いた　　　⑧人材ハケン会社に登録した
⑨自宅でタイキする　　　　　⑩大切な手帳をフンシツした
⑪ＩＴのセンモン家になりたい　⑫ぐっすりネムった
⑬なにごともソッセンして行おう　⑭人にはシンセツにしよう
⑮空き缶をカイシュウする　　⑯栄養のカタヨりをなくすほうがいい
⑰ゲンジュウミンの生活を調べた　⑱多数をシめる
⑲事務をトる　　　　　　　　⑳稲をカる

3. 同音異義語・同訓異義語

> ## これが重要!
> 音読みは漢字の意味を推測してする
> 訓読みは熟語で意味をとらえて考える
> ことばの意味も出題されるので要注意！
> とにかく書いて覚えよう

高得点への対策

◎基本は小学校・中学校の漢字にある。一通り読めること。

◎紛らわしい語はよく出される。間違った語は確実に覚えよう。

◎同じ読みの漢字をまとめておくと確認しやすい。

◎書かせることが多いので，地道に書いて覚えよう。

●**例題** 次のカタカナを漢字で書きなさい。

A. 人質を<u>カイホウ</u>する
B. 入口を<u>カイホウ</u>する
C. 地震に<u>タ</u>える建物
D. 息<u>タ</u>えた動物はかわいそう
E. <u>ジンコウ</u>増加は問題だ
F. <u>ジンコウ</u>心臓を用いる

→**解答** A.解放　B.開放　C.耐　D.絶　E.人口　F.人工

◎同音異義語・同訓異義語

1. 次のカタカナを漢字にするとき,あてはまるものを選びなさい。

①子供を<u>タイショウ</u>とした企画

　A 対象　　　　B 対照　　　　C 対称　　　　D 対症

②これまでのご<u>コウイ</u>には感謝します。

　A 行為　　　　B 好意　　　　C 厚意　　　　D 高位

③教育の<u>タイセイ</u>を変える

　A 耐性　　　　B 体制　　　　C 大勢　　　　D 態勢

2. 次のカタカナに当てはまる漢字を選びなさい。

①郷里に<u>キセイ</u>する　　②<u>キセイ</u>服を買う　　　③<u>キセイ</u>の事実
④言動を<u>キセイ</u>する

　A 既製　　　　B 規制　　　　C 帰省　　　　D 既成

3. 次のカタカナにあてはまる熟語を下の(枠内)漢字から組み合わせて作りなさい。

（同じ言葉を何度使ってもよい）

①有名なキコウ文を読む　　　　　②温暖なキコウの土地

③葉のキコウを観察する　　　　　④工場のキコウ式に出る

⑤船が嵐で一時キコウした　　　　⑥組織のキコウを改革する

行　　機　　寄　　構　　候　　稿　　港　　起　　紀　　気　　孔　　工

4. 次のカタカナに当てはまる漢字を選びなさい。

①成功へのフ石

　　ア　府　　　　イ　不　　　　ウ　布　　　　エ　附

②猛レツな反論が起こる

　　ア　列　　　　イ　烈　　　　ウ　裂　　　　エ　劣

③今回の企画は迷惑がカかる危険性が高い

　　ア　係　　　　イ　掛　　　　ウ　架　　　　エ　懸

5. 次の読み方をする漢字を書きなさい。

①ツイキュウ

　　A　利益をツイキュウする　　B　犯人をツイキュウする　　C　真理をツイキュウする

②ホショウ

　　A　安全ホショウ条約　　　　B　品質のホショウ　　　　C　損害のホショウ

③しめる

　　A　扉をしめる　　　　　B　首をしめる　　　　C　ネクタイをしめる

④シンチョウ

　　A　シンチョウな行動　　　B　意味シンチョウ　　　C　学力がシンチョウする

　　D　服をシンチョウする

⑤ハカル

　　A　到着時間をハカる　　　B　水槽の深さをハカる　　　C　体重をハカる

　　D　効率化をハカる　　　　E　敵にハカられた　　　　　F　審議会にハカる

⑥キク

　　A　人の意見をキく　　　B　風邪薬がキく　　　C　よく気がキく人だ

　　D　音楽をキこう

6. 下線部と同じ漢字を使う語句を選びなさい。

①イチジルしい成長

    A 言葉にアラワす   B 姿をアラワす   C 書物をアラワす

②詳しくセツ明した

    A 問題をトく   B 絵の具をトく   C 理論をトく

③攻ゲキにあった

    A 釘をウつ   B 敵をウつ   C 拳銃をウつ

4. 類義語・対義語

> これが
> 重要!

全　体

常に関連する熟語を一緒に見ておく
熟語全体で意味を判断するものもある

類義語

熟語ごとによく似た意味の漢字が必ず入る

対義語

熟語ごとに反対を意味する漢字が入る

高得点への対策

◎漢字はまず読めること。読みの確認を正確にすること。

◎意味を捉えることが大切。わからない熟語は辞書で意味を調べる。

◎五十音にまとめておくと引き出しやすい。

◎共通に存在する文字を頼りに熟語を考える。

●例題　次の漢字のA〜Cは類義語，D〜Fは対義語を書きなさい。

A. 案外　　　　B. 傾向　　　　C. 残念

D. 遺失　　　　E. 栄転　　　　F. 解散

→解答　A. 意外　　B. 風潮　　C. 遺憾　　D. 拾得　　E. 左遷　　F. 集合

◎類義語・対義語

1. 次の1字の対義語を下のア〜トの中から選びなさい。

①哀	②異	③陰	④乾
⑤寒	⑥吉	⑦及	⑧利
⑨貧	⑩浮	⑪明	⑫優
⑬悲	⑭美	⑮表	⑯諾
⑰長	⑱天	⑲貸	⑳新

ア. 地	イ. 醜	ウ. 落	エ. 暖	オ. 旧	カ. 劣
キ. 害	ク. 歓	ケ. 否	コ. 裏	サ. 凶	シ. 陽
ス. 短	セ. 同	ソ. 富	タ. 湿	チ. 借	ツ. 暗
テ. 沈	ト. 喜				

2. 次の同義語を下のア〜トから選びなさい。

①催促　　②介入　　③我慢　　④機敏　　⑤危篤　　⑥栄養
⑦手段　　⑧意図　　⑨不足　　⑩簡単　　⑪信頼　　⑫賛成
⑬判然　　⑭施設　　⑮思慮　　⑯機構　　⑰互角　　⑱非道
⑲実直　　⑳専心

ア．歴然	イ．迅速	ウ．重態	エ．督促	オ．欠乏	カ．信用
キ．関与	ク．組織	ケ．忍耐	コ．容易	サ．同意	シ．冷酷
ス．滋養	セ．分別	ソ．計画	タ．方法	チ．対等	ツ．設備
テ．没頭	ト．律儀				

3. 次の言葉の対義語を漢字と送り仮名で書きなさい。

①貸す　　②卑しい　　③怠る　　④栄える　　⑤話す
⑥受ける　⑦伸びる　　⑧従う　　⑨浮く　　　⑩優れる

4. 次の熟語の下線部を取り換えて対義語を作るとき，下のア〜コから適切な語を選び記号で答えなさい。

①有名　　②清潔　　③当番　　④違法　　⑤不況
⑥無理　　⑦非常　　⑧無効　　⑨肯定　　⑩往信

ア．好	イ．通	ウ．非	エ．否	オ．道	カ．不	キ．合
ク．有	ケ．無	コ．返				

5. 次の各組の前の熟語の同義語として，後の熟語が正しければ○，間違いならば正しい熟語を書きなさい。

①思慮 － 分別　　②応答 － 即答　　③借金 － 赤字　　④希望 － 理想
⑤決行 － 決心　　⑥改善 － 修繕　　⑦世間 － 社会　　⑧経歴 － 履歴
⑨富裕 － 余裕　　⑩献身 － 奉公

6. 次の下線部を漢字に直し，その対義語も漢字で書きなさい。

①人口のカミツな地区　　　　　　②会ったシュンカンに君だと分かった
③著名な画家の絵をモホウする　　④これはカクウの物語です
⑤酒のイゾン症を断つ方法　　　　⑥この時計はとてもセイミツだ
⑦この製品のセイサンは順調だ　　⑧時間をもっとタンシュクしてみよう
⑨経済はジュヨウの影響を受ける　⑩掃除をジハツ的に行う人を敬う

5. 四字熟語

これが
重要!

4字の熟語はほとんど2字＋2字で構成される
上下の関係を考えよう
①似た意味の2字の熟語を重ねたもの
②反対の意味の2字の熟語を重ねたもの
③数を含んでいる熟語のもの
④反対語が2つ重なったもの

高得点への対策

◎漢字はまず読めること。小学校・中学校の漢字は読めるように。
◎全ての読みはリズミカルで言い切りなので，ひとまとまりに覚えやすい。
◎特殊な読みは重点的に漢字と共に覚えよう。
◎読める語は意味も必ず覚えよう。

●例題　次の四字熟語の□を埋めて，読みなさい。
A.　□然自若　　　B.　日□月歩　　　C.　意気消□
D.　起死□生　　　E.　冠□葬祭　　　F.　試行□誤

→**解答**　A. 泰:たいぜんじじゃく　　B. 進:にっしんげっぽ　　C. 沈:いきしょうちん
　　　　　D. 回:きしかいせい　　　　E. 婚:かんこんそうさい　　F. 錯:しこうさくご

◎四字熟語

1. 次の四字熟語の□に当てはまる文字を入れて完成させ，読みなさい。

①一部□終　　②勧□懲悪　　③完全無□　　④□離滅裂
⑤絶□絶命　　⑥東奔西□　　⑦□和雷同　　⑧無我□中
⑨優柔□断　　⑩異□同音　　⑪□小棒大　　⑫竜頭蛇□
⑬□心伝心　　⑭危機一□　　⑮五里□中　　⑯千□一遇
⑰内憂外□　　⑱□越同舟　　⑲晴耕雨□　　⑳□中模索

2. 次の四字熟語で間違った書き方のものを正しく書き直し，読みなさい。

①安全秩序　　②栄去盛衰　　③新羅万象　　④神風迅雷
⑤神出気没　　⑥一網打陣　　⑦灌慨無量　　⑧現語道断
⑨唯画独尊　　⑩四方美人　　⑪我田因水　　⑫老苦男女

3. 次の意味を持つ四字熟語をA〜Mから選びなさい。

①決断力に欠けること

②清らかで少しも不正がないこと

③失敗を重ねて正しいものに近づくこと

④力の限りつくすこと

⑤先人の詩や文章などを借用し新味を加えて独自の作品にする

⑥待ち遠しいこと

⑦わずかな時間のこと

⑧ひどく悩み苦しむこと

⑨形あるもの全て

⑩世の中が常に変わり，はかないこと

A．起死回生	B．粉骨砕身	C．清廉潔白	D．一日千秋
E．試行錯誤	F．一朝一夕	G．優柔不断	H．四苦八苦
I．有為転変	J．有象無象	K．空前絶後	L．日進月歩
M．換骨奪胎			

4. （ ）内に適当な漢字を入れて四字熟語を作り,その意味をA〜Hから選びなさい。

①適（ ）適所　　②半信半（ ）　　　③徹（ ）徹尾　　④馬耳（ ）風

⑤喜怒（ ）楽　　⑥一（ ）不乱　　⑦電光石（ ）　　⑧栄（ ）盛衰

> A．人の意見を聞き流すこと
> B．半ば信じ，半ばうたがうこと
> C．きわめて速いこと
> D．人の感情。喜び・怒り・悲しみ・楽しみ
> E．心を1つにして乱さない
> F．才能にもっともふさわしい使い方をする
> G．さかえたりおとろえたりすること
> H．最初から最後まで

5. 次の四字熟語の成り立ちが同じものを選びなさい。（複数解答可）

① 質疑応答：反対の意味の2字の熟語を重ねたもの

② 公明正大：意味の似た2字の熟語を重ねたもの

③ 一念発起：上の2字が下の2字の熟語に作用するもの

A．因果応報	B．離散集合	C．意気消沈	D．悪戦苦闘
E．自画自賛	F．広大無辺	G．一長一短	H．曖昧模糊

6. ことわざ・慣用句

> 読みを知っているものは漢字を書けるように
> 例えに動物や身体の一部がよく使われる
> 似た意味をもつものをまとめておく
> リズムがあって言いやすい表現が多い
>
> これが重要!

高得点への対策

◎まず読んだら意味を考えること。

◎よく出る語句や言葉は必ずおさえること。

◎同じ意味を表すものはまとめておくと類題が解きやすくなる。

◎同じ文字で始まるもの同士をまとめると覚えやすい。

┌─────────────────────────────────────┐
●例題　次の意味を表すことわざを選びなさい。

ほんのわずかなことのたとえ

A.　蚊の鳴くような声　　B.　牛の歩み　　C.　猫なで声　　D.　すずめの涙
└─────────────────────────────────────┘

→**解答:D**　A. ほとんど聞き取れないほど小さな声　　B. 進み具合の遅い例え

　　　　　　　C. やさしいふりをした声

◎ことわざ・慣用句

1. 次のことわざの( )にあてはまる語を入れて完成させ, その意味をA~Lから選び
なさい。

①早起きは( )文の徳　　②雨降って( )固まる　　③急がば( )れ

④言わぬが( )　　　　　⑤( )の耳に念仏　　　⑥( )で鯛を釣る

⑦( )の目に涙　　　　　⑧( )の甲より年の功　⑨( )は万病のもと

⑩木に( )を接ぐ　　　　⑪弘法も( )の誤り　　⑫( )人寄れば文殊の知恵

A. ただの風邪だと侮ってはいけない　　B. 無慈悲な人でも時には優しくなる

C. 遠回りでも危険な近道はするな

D. トラブルがあった後物事が落ち着きおさまる

E. 言ってしまうとそれまで　　　　　　F. 熟達した人でも失敗することはある

G. 年長者の経験は尊重すべき

H. 意見を聞き流して少しも効き目がない

I. みんなで話し合えばいい考えが浮かんでくる

J. わずかの元手で大きな利益を得ること

K. 朝早く起きると何らかの利益がある

L. 調子の合わないこと, 筋の通らないものをあわせること

2. 次の下線部のひらがなを漢字に直し，ことわざを完成させなさい。

①ねこに小判　　　②るいは友を呼ぶ　　　　　③泣きっつらに蜂

④まごにも衣装　　⑤おびに短したすきに長し　⑥たまに瑕

⑦あおなに塩　　　⑧いっすん先は闇　　　　　⑨かべに耳あり

⑩たなからぼた餅

3. 次の（　）に下からあてはまる言葉を選んで慣用句を完成させなさい。

①（　）蜂とらず　　②（　）の子　　③（　）の歩み　　④（　）呑みにする

⑤（　）の鳴くような声　⑥（　）猿の仲　⑦（　）を読む　⑧（　）の涙

⑨（　）寝入り　　⑩（　）の一声　⑪（　）のつまり　⑫（　）の額

⑬袋の（　）　　　　　⑭（　）の知らせ　⑮（　）の行水

牛	さば	猫	雀	鶴	虫
犬	虎	鵜	虻	蚊	狸
鼠	とど	烏			

4. 次の意味の慣用句を選びなさい。

①ちらっと聞く

　A　耳が早い　　　B　耳を揃える　　　C　小耳にはさむ　　　D　耳が痛い

②覚悟ができること

　　A　腹が立つ　　　B　腹が据わる　　　C　腹を割る　　　D　腹を決める

③とても好きになること

　　A　目が届く　　　B　目に余る　　　C　目をかける　　　D　目がない

④心から世話すること

　　A　手塩にかける　　　B　手が込む　　　C　手を打つ　　　D　手を焼く

⑤見つかるきっかけになる

　　A　足が出る　　　B　足を運ぶ　　　C　足を伸ばす　　　D　足がつく

7. 日本の文学・世界の文学

> これが重要!

作品と著者をセットで覚える
本文の書き出しを知っておく
古いものは書かれた時代を知っておく
名前と作品名は正しく書けるように

高得点への対策

◎著名な作品と作者は必ず，両方言えるように。

◎内容を問う問題はほとんど出ない。

◎時代ごとにまとめると，とても役に立つ。

◎外国文学は国ごとにまとめる。

●例題　次の作家名の読みを書きなさい。

A.　芥川龍之介　　　B.　幸田文　　　C.　樋口一葉　　　D.　武者小路実篤

E.　島崎藤村　　　　F.　森鷗外　　　G.　式亭三馬　　　H.　本居宣長

I.　清少納言　　　　J.　十返舎一九　　K.　紀貫之　　　L.　在原業平

→解答　A. あくたがわりゅうのすけ　B. こうだあや　C. ひぐちいちよう　D. むしゃのこうじさねあつ

　　　　E. しまざきとうそん　　F. もりおうがい　　G. しきていさんば　H. もとおりのりなが

　　　　I. せいしょうなごん　　J. じっぺんしゃいっく　K. きのつらゆき　L. ありわらのなりひら

◎日本文学・世界の文学

1. 次の歴史的作品とそれを書いた作者を結びなさい。

A　方丈記　　　　・　　　・ア　清少納言

B　徒然草　　　　・　　　・イ　紫式部

C　土佐日記　　　・　　　・ウ　紀貫之

D　源氏物語　　　・　　　・エ　鴨長明

E　枕草子　　　　・　　　・オ　吉田兼好

2. 次の江戸時代の作品と作者を結びなさい。

A　好色一代男　　　・　　　・ア　近松門左衛門

B　奥の細道　　　　・　　　・イ　小林一茶

C　曽根崎心中　　　・　　　・ウ　井原西鶴

D　東海道中膝栗毛　・　　　・エ　滝沢馬琴

E　おらが春　　　　・　　　・オ　十返舎一九

F　雨月物語　　　　・　　　・カ　上田秋成

G　南総里見八犬伝　・　　　・キ　松尾芭蕉

3. 次の文章はどの作家のものですか。正しい記号を選びなさい。

A　我輩は猫である。名前はまだない。

B　私に祖父のあることを知ったのは。

C　木曽路は全て山の中である。

D　ある日の暮れ方のことである。

E　国境の長いトンネルを抜けると雪国であった。

ア　島崎藤村　イ　志賀直哉　ウ　川端康成　エ　芥川龍之介　オ　夏目漱石

4. 次の作品の作者を下から選び答えなさい。

A　真夏の夜の夢・ハムレット・ロミオとジュリエット・リア王

B　若きウェルテルの悩み・ファウスト

C　武器よさらば・老人と海・日はまた昇る

D　罪と罰・カラマーゾフの兄弟

ア　ドストエフスキー　　イ　ヘミングウェイ　　ウ　シェークスピア エ　ゲーテ

5. 次の事柄を表す作家は誰ですか。あてはまる人物を記号で答えなさい。

A　『にごりえ』・『たけくらべ』を書き，24歳で亡くなった女性作家

B　『お目出たき人』・『友情』を著し，白樺派の代表的存在

C　岩手県生まれ，『銀河鉄道の夜』・『注文の多い料理店』を書いた

D　狐狸庵と呼ばれ，キリスト教に影響され『沈黙』・『お馬鹿さん』などを執筆

E　放送作家，北海道富良野を舞台にした『北の国から』を描く

ア　倉本聡　イ　樋口一葉　ウ　遠藤周作　エ　宮沢賢治　オ　武者小路実篤

6. 次の作家の作品ではないものがある。それはどれか。

A　太宰治　　　：楡家の人々・走れメロス・ヴィヨンの妻・人間失格

B　井上靖　　　：天平の甍・風林火山・金閣寺・しろばんば

C　芥川龍之介：トロッコ・羅生門・蜘蛛の糸・こころ

D　志賀直哉　：清兵衛と瓢箪・夜明け前・城の崎にて・暗夜行路

E　森鷗外　　：舞姫・父帰る・山椒大夫・高瀬舟

8. 日本の文学賞

> これが重要!
>
> どんな賞があるか知っておく
> 作品と作者をセットで覚えておく
> 芥川賞・直木賞は必ず押さえる
> 最初の受賞者と最近の受賞者は知っておく

高得点への対策

◎時代ごとにまとめておくと思い出しやすい。

◎漢字のものは正確に書けること。

●例題　次の言葉を漢字で書きなさい。

A. ナオキ賞　　　　　　B. アクタガワ賞　　　　　C. ヨシカワエイジ賞

D. イシカワタツゾウ　　E. マルヤサイイチ　　　　F. ミタマサヒロ

G. カワグチマツタロウ　H. ハンムラリョウ

→解答　A. 直木　　B. 芥川　　C. 吉川英治　　D. 石川達三　　E. 丸谷才一　　F. 三田誠広
　　　　G. 川口松太郎　　H. 半村良

◎文学賞

1. 文学賞について，次の問いに答えなさい。

①日本人でノーベル文学賞を受賞した人は2人いる。それは川端康成と誰か。

　A　大江健三郎　　　　B　石川達三　　　　C　菊池寛　　　　D　三島由紀夫

②受賞した作品が雑誌『文藝春秋』に載る賞はどれか。

　A　直木賞　　　　B　菊池寛賞　　　　C　芥川賞　　　　D　手塚治虫賞

③第一回芥川賞の受賞者は誰か。

　A　志賀直哉　　　　B　石川達三　　　　C　遠藤周作　　　　D　石原慎太郎

④石原慎太郎の芥川賞受賞作品は何か。

　A　飼育　　　　B　俺たちの旅　　　　C　明星　　　　D　太陽の季節

⑤2023年上半期の芥川賞は『ハンチバック』に決まった。その作家は誰か。

　A　市川沙央　　　　B　垣根涼介　　　　C　永井紗耶子　　　　D　東野圭吾

⑥次に挙げる作家で直木賞を受賞していないのは誰か。

　A　五木寛之　　　　B　青島幸男　　　　C　渡辺淳一　　　　D　村上龍

2. 次の事柄が正しければ○，違っていれば×をつけなさい。

①芸人の又吉直樹は直木賞を受賞したことがある。

②直木賞は同人誌を含む雑誌に掲載された新進作家による純文学から選ばれる。

③第169回（2023年上半期）の直木賞は受賞が2名いた。

④野坂昭如は『火垂るの墓』で直木賞を受賞した。

⑤直木賞・芥川賞は年2回の受賞がある。

3. 次の作品について，それぞれ答えなさい。

①『羅生門』・『鼻』の作者

②『友情』・『愛と死』の作者

③『銀河鉄道の夜』・『注文の多い料理店』の作者

④日本で最初のノーベル文学賞を受賞した作品名

4. 次の作品と作者が同じ作品を下のア〜エから選びなさい。

A　潮騒　　　　B　沈まぬ太陽　　　C　点と線　　　　D　竜馬が行く

ア　砂の器	イ　功名が辻	ウ　白い巨塔	エ　金閣寺

9. 社会人としてのマナー 敬語

> これが重要!

[尊敬語]
相手を高めて表す言い方（自分は元の位置）
☆相手に何か話す場合，相手の様子を伺う場合

[謙譲語]
自分を低めて伝える言い方（相手は元の位置）
☆自分のことを話す場合

[丁寧語]
対等な関係でのやさしい言い回し（2人とも同じ立場）

基本形	尊敬語	謙譲語
会う	お会いになる・会われる	お目にかかる
言う	おっしゃる	申す・申し上げる
行く・来る	見える・おいでになる・いらっしゃる	まいる・あがる・参上する・おる
思う	おぼしめす・思われる	存じる・拝察する
与える	賜う	あげる・さしあげる
聞く	お聞きになる・聞かれる	伺う・承る・お聞きする
着る	召す	－
くれる	くださる	－
帰る	お帰りになる	失礼する・おいとまする
する	なさる・あそばす・される	いたす・させていただく
もらう	お納めになる	いただく・頂戴する
知る	お知りになる	存じる
尋ねる	お尋ねになる	伺う・お尋ねする
読む	お読みになる	拝読する
見る	ご覧になる	拝見する
食べる	めしあがる	いただく・頂戴する
補助用言	お〜になる・ご〜になる	お〜する・お〜いただく
助動詞	〜れる いかれる	〜ます です

◎尊敬語・謙譲語・丁寧語

1. 次の言葉を尊敬語で書きなさい。

①来る　　②食べる　　③見る　　④行く　　⑤する

2. 次の言葉を謙譲語で表しなさい。

①知る　　　②見る　　　③言う　　　④尋ねる　　　⑤来る

3. 次の下線部を敬語を使って表しなさい。

①先生が<u>来た</u>。　　　②先生が<u>言った</u>。　　　③先生から<u>もらった</u>。

4. 次の文章で，尊敬語ならA，謙譲語ならB，丁寧語ならCを記しなさい。

①お聞きになる（　　　）・承る（　　　）・聞きました（　　　）
②参る（　　　）・いらっしゃる（　　　）・来ます（　　　）
③借ります（　　　）・拝借する（　　　）・お借りになる（　　　）
④ご覧になる（　　　）・見ます（　　　）・拝見する（　　　）
⑤召し上がる（　　　）・いただきます（　　　）・食べます（　　　）

5. 次の文章で下線部の用法を示し，不適当なところがあれば正しい形に直しなさい。

①またいつか，<u>お遊びに来て</u>ください。
②母がよろしくと<u>申して</u>おりました。
③校長先生も綱引きを<u>いたしました</u>。
④私は努力賞を<u>もらいました</u>。
⑤監督は私たちにこう<u>おっしゃいました</u>。
⑥山田様も<u>出席した</u>そうです。
⑦それではこの後，午後４時に<u>お伺いします</u>。
⑧そのことをはっきりと先生に<u>申し上げたい</u>。
⑨明日はどこへ<u>いらっしゃいますか</u>。
⑩その際は是非，<u>お越しください</u>。

6. 次の下線部の文章を，敬語として適切な表現に替えなさい。

①それでは，私が<u>行ってきます</u>。
②明日，お宅へ<u>行きましょう</u>。
③とどのつまりという言葉を<u>知らないか</u>。
④先生からそのメールを<u>もらいましたか</u>。
⑤迷惑を<u>かけた</u>のを反省しています。
⑥先生が子供のころの話を<u>してくれた</u>。
⑦理科の先生が私に参考書を<u>くれた</u>。
⑧まもなく飛行機の出発時刻<u>です</u>。
⑨その件はわたしが課長に<u>言いましょう</u>。
⑩社長の話をしっかりと<u>聞く</u>。

7. 次の文章の下線部の用法と同じ用法のものを選びなさい。

「ほんとうによかったわ。あなたのお母様が元気で帰っていらして。」
　　ア　わざわざここまでおいでいただいたのですか。
　　イ　あの方をご存知でいらっしゃったのですか。
　　ウ　そのペンはあの方がくださったものです。
　　エ　すぐにいらっしゃるようですから，ここでお待ちください。

8. 次の言葉の中で仲間はずれがある。それを選びなさい。

①　A おっしゃる　　　B なさる　　　　C うかがう　　　D いらっしゃる
②　A おります　　　　B ございます　　C 〜です　　　　D いたす
③　A まいる　　　　　B 〜られる　　　C あがる　　　　D 申し上げる

9. 次の下線部の敬語表現の中で正しい使い方のものを5つ選び，ふさわしくない場合は正しい形に書き直しなさい。

①お寺に行って遊ぼう。
②費用は私がお支払いいたします。
③先生はそう申されておりました。
④私のお父さんは研究者です。
⑤先日，会場で母にお目にかかったそうですね。
⑥次長はまだ出勤しておられません。
⑦課長がおっしゃるとおりです。
⑧ここが坂井さんのお宅です。
⑨それはもうすんだことでございます。
⑩あの作曲家の方にも拝聴していただこう。

一般常識

社会

Social Studies

試 験 の 概 要

　世の中の動きが国内だけで考えられなくなっているので，常に世界との
つながりの中で問題を考える習慣をつけておくことが求められてきていま
す。 これは政治，経済のどちらにも言えることで，国の中だけで完結す
る問題ではありません。 ですから，新聞だけではなく，毎日，ニュース
番組やネットからも情報を得るようにしてください。 今は新聞や雑誌よ
りもネットのほうが一番新しい情報を早く知るツールになっています。

　ただし，筆記試験の問題はほとんど基礎問題ばかりなので特に新たに覚
えるものはありません。 今まで習った**基本的な事柄やしくみについて**わか
れば大丈夫です。 **浅く広く**問題が出されますので，ここに載っている問題
を全部答えられるように何度か問題を繰り返せば，ほとんどの筆記試験は
クリアできると思います。

よくでる単元

　本書ではこの単元を政治，経済と経営，地理，歴史の4つのブロックに
分け，**試験に出やすい単元を優先的に**載せています。
また，歴史では時代ごとに必要なカテゴリーに分け，問題に出る形式でま
とめて出題していますので，試験に必要なことはだいたい書かれていま
す。 これを復習して試験に臨めば，1次試験突破の得点を取れる可能性は
かなり高いと思います。

　最近よく出される単元は，政治・経済分野と社会的出来事に関する問題
です。

政治：日本国憲法，日本の政治のしくみ，国連

経済：好況と不況，経済活動のしくみ，金融機関の景気調整，時事問題

社会：国際紛争・企業間競争・環境問題・貿易問題，国際情勢にかかわる問題

歴史：基本的な歴史的事件，人物と作品・政策・改革・宗派

地理：時事的問題に関連した場所の確認と，その国や町の特徴

memo

1. 日本の政治

> 憲法の成り立ち，三大原則は覚える
> 三権分立から政治の働きを知る
> 天皇の国事行為は大切
> 内閣府と各省庁は書けるように

これが**重要!**

高得点への対策

◎基本的な組織や役割は言えるように。

◎任命と指名の違いなど，言葉の使い方は注意!

◎天皇の役割は頻出。

◎各省庁は数と共にまとめて覚える。

●例題　次の事柄にあてはまる語句を書きなさい。

A. 解散による総選挙後30日以内に召集される会。
B. 2022年通常選挙から参議院の議員は何人になるか。
C. 世の中の多くのまとまった意見。
D. 人間が生まれながらに持っている欠くことのできない権利。

→**解答**　A. 特別国会　内閣総理大臣を指名する　　B. 248人　比例代表制100人，選挙区制で148人
　　　　　C. 世論　　D. 基本的人権

◎政治

1. **日本国憲法について次の問いに答えなさい。**

①連合国軍が日本の降伏条件などを示した文書を（　　）宣言という。

②連合国軍総司令部が草案を元に改正案をまとめて，（　　年　　月　　日）新憲法は公布された。

③日本国憲法の三大原則は，国民主権・基本的人権の尊重と（　　）。

④日本国憲法で主権者は（　　）。

⑤天皇の存在はどのようなものとなったか。国と国民統合の（　　）。

⑥憲法は，国の「最高（　　）」であり，改正には慎重な手続きを必要とする。

⑦憲法改正の手続きは，各議院の総議員の（　　）以上の賛成で国会が発議する。

⑧そののち，国民投票で（　　）の賛成があれば改正される。

⑨国民の義務は，勤労・（　　）・教育である。

⑩非核三原則とは，核を「持たず・作らず・（　　）」である。

⑪国会は立法，裁判所は司法，内閣は（　　）である。

2. 天皇の国事行為について，ふさわしくないものはどれか。

A　内閣総理大臣の任命　　B　憲法改正の公布　　C　国会の召集

D　衆議院の解散　　　　　E　栄典の授与　　　　F　外国の大使などの接受

G　国務大臣の指名　　　　H　総選挙の公示

3. 基本的人権の種類についての問いで，自由権に関するものはA，社会権に関する
ものはB，平等権に関するものはC，基本的人権を守るための権利に関するものは
Dと答えなさい。

①人種・身分・家柄などによって差別されない権利。

②思想・良心・信教・集会・学問・表現などを制限されない。

③裁判を受ける権利は誰でも与えられている。

④健康で文化的な最低限度の生活を営む権利。

⑤選挙に出たり，投票することができる。

4. 次の事柄にあてはまるものを答えなさい。

①「人民の人民による人民のための政治」と民主政治を唱えた人はだれか。

　　ア　ワシントン　　イ　ルーズベルト　　ウ　ニューディール　　エ　リンカーン

②国民の意思に基づいて政治を行うが，日本は国民の代表が政治を行う（　　）
　制をとっている。

　　ア　直接民主制　　イ　間接民主制　　ウ　天皇制　　エ　指名投票制

③選挙制度について，1選挙区から1名を選出する制度を何というか。

　　ア　公職選挙法　　イ　比例代表制　　ウ　小選挙区制　　エ　大選挙区制

④政党で，政権を担当する党を何というか。

　　ア　野党　　　イ　与党　　　ウ　自由党　　　エ　自民党

⑤衆議院の選挙の制度を正確に書きなさい。

　　ア　小選挙区比例代表並立制　　イ　小選挙区比例代表金権制

　　ウ　大選挙区比例代表直列制　　エ　大選挙区比例代表直接制

5. 国会のしくみについて答えなさい。

・国会の地位は，国権の（①）で，立法権を持つ唯一の（②）機関である。

・国会のしくみは，衆議院と参議院からなる（③）制をとっている。

・国会には主に，常会・臨時会・（④）の3つの会がある。

・（⑤）院は任期が短く解散もあるので国民の意思を反映させやすい。このため
　他より優越した権利を持つ。

6. 衆議院について，①〜③の空欄に適切な語を入れなさい。

・議員定数は（①）人である。

　　ア　512人　　　　　イ　500人　　　　　ウ　475人　　　　　エ　465人

・任期は（②）年である。

　　ア　3年　　　　　　イ　4年　　　　　　ウ　5年　　　　　　エ　6年

・被選挙権（立候補できる）は（③）歳からである。

　　ア　20歳　　　　　　イ　25歳　　　　　ウ　30歳　　　　　エ　35歳

7. 内閣のしくみについて答えなさい。

・国会で決められた法律や予算に基づいて実際の政治を行うことを（①）という。

・内閣と各行政機関をまとめて（②）という。

・内閣は，内閣総理大臣が（③）の中から指名され，（④）によって任命される。

・内閣総理大臣は（⑤）を任命し，（④）がこれを認証して成立する。

・内閣総理大臣が主宰し内閣の意思決定を行う会議を（⑥）という。

・議会の信任によって内閣が成立する制度を（⑦）制という。

・衆議院で内閣不信任が可決，または内閣信任案が否決された場合，内閣は
　（⑧）するか，10日以内に衆議院を（⑨）して，選挙によって国民の意思を
　問うかしなければならない。

8. 内閣のはたらきについて，①の問いに答え，②〜④の空欄に適切な語を入れなさい。

①内閣のはたらきであてはまらないものを1つ選びなさい。

　　ア　法律・予算の執行　　イ　政令の制定　　　　ウ　予算の編成
　　エ　条約の締結　　　オ　最高裁判所長官を任命する

・国の行政機関としては，内閣府と（②）の省庁がある。

・一般に行政機関で働く職員のことを（③）という。

・国民の代表によって国民の行政に対する不満を処理したり，政策が正しく行
　われているかを監視する仕組みを（④）という。

9. 行政組織について次の説明にあてはまる省を選びなさい。

　　①主に国の財政に関する仕事をする。

　　②医療・社会保障・雇用に関する仕事をする。

　　③地方自治や選挙，通信事業などの仕事をする。

　　④外交や国際関係に関する仕事をする。

　　⑤教育や文化，科学技術に関する仕事をする。

　　ア　外務省　　　　　イ　財務省　　　ウ　文部科学省　　　エ　厚生労働省
　　オ　経済産業省　　　カ　総務省　　　キ　農林水産省　　　ク　国土交通省

10. 次の各庁で内閣府に属しない庁はいくつあるか。

- 気象庁
- 特許庁
- 国税庁
- 消防庁
- 文化庁
- 警察庁
- 海上保安庁
- 金融庁
- 宮内庁
- 消費者庁

11. 裁判所のしくみについて答えなさい。

- 裁判所には，最高裁判所と（①）がある。
- （①）には，高等裁判所・地方裁判所・家庭裁判所と（②）がある。
- 裁判の公正・慎重をはかるために判決に不服であればやり直しを求め，3度まで裁判を受ける権利がある。 これを（③）という。
- 一審での判決を不服とするときに上級の裁判所に裁判を求めることを（④）という。
- 私人の間で権利や義務などをめぐって争う裁判を（⑤）という。
- 他人のものを盗んだり，傷つけたりして財産や生命を侵した事件を裁くことを（⑥）という。
- 最高裁判所は全国に（⑦）箇所ある。
- 裁判所は国の他の機関から独立していて，干渉や支配を受けない。 これを（⑧）の独立という。
- 裁判所は，法律や行政処分が憲法に違反していないかを判断する（⑨）権を持っている。
- 被疑者や被告人は，自分の都合の悪いことは話さなくていい（⑩）権を持っている。
- モンテスキューが著した「（⑪）」により，現在の国を動かすしくみが示された。 司法・立法・行政が互いに抑制と均衡をはかるようにできており，これを（⑫）という。

memo

2. 経済・経営

> 経営は身近な産業から興味を持とう
> 税金や金融のしくみは必ず出る
> 最近の産業のニュースはよく出る
> 環境問題はその原因と現状を知っておく

> これが重要!

高得点への対策

◎**毎日よく使う店の形態が基本，そこから関連して産業を知れればOK。**

◎**税金の種類やしくみ，使われ方，金融の専門用語はよく出るので注意!**

◎**テレビやネットから最新の業界のニュースは必ず役に立つ。**

◎**公害，地球温暖化などの意味と原因は知っておこう。**

●**例題　次の問いに答えなさい。**

A. 水道・電気・ガスなどの料金を何というか。

B. 消費税は国税か地方税か。

C. 不景気になったら，中央銀行は「売りオペレーション」と「買いオペレーション」のどちらを行うか。

D. 資本の集中により，1つの企業が市場を支配することを何というか。

→**解答**　A. 公共料金　B. 国税　間接税でもある　C. 買いオペレーション。市中の通貨量が増える。
　　　　D. 独占

◎経済・経営

1. 次の空欄に適切な語句を入れ文を完成させなさい。

①私たちの家庭が営む経済を（　　）という。

②経済の三主体とは，企業・家計・（　　）のことである。

③家計の所得が多ければ，消費支出にしめる食料費の割合は低くなるという考えを示した。この法則を（　　）の法則という。

④消費者保護の観点から，申し込んでしまったもの，買ってしまったものに対して，一定期間内であれば無条件で解約できることを（　　）という。

⑤商品の欠陥によって消費者が被害を被ってしまった場合，企業は過失のあるなしにかかわらず，被害者を救済する義務があると定めた法律を（　　）法という。

⑥原材料の価格が上がったり，好景気が続いたり，必要以上の通貨が出回ると，通貨の価値が下がり物価が上昇する。この状態を（　　）という。

⑦不景気の中で⑥の状態が進むことを（　　）という。

⑧日本の中央銀行であり，唯一の発券銀行なのは（　　）銀行である。

⑨中央銀行が市中銀行に貸し付けるときの基準金利を（　　）という。

⑩生産の三要素とは，労働力・自然と（　　）である。

⑪会社を興すとき資金を株式によって調達し，運営する会社を（　　）という。

⑫競争に勝った少数の企業が市場を占めることを（　　）という。

⑬経営の方針や戦略の決定を行う最高経営責任者のことを（　　）という。

⑭国や地方公共団体などが出資し，民間企業等が経営する官民共同の事業を（　　）という。

⑮企業経営について，投資家，従業員，取引先，顧客など企業の利害に関係する人を（　　）という。

2. 財政・金融のしくみについて述べています。空欄に適切な語句を入れ文を完成させなさい。

①国や地方公共団体が資金を調達して予算を組んで支出することを（　　）という。

②租税には，直接お金で支払う（　　）税と，何かを買う時に組み込まれている（　　）税がある。

③税を徴収するところが国の場合を（　　）税，地方の場合を（　　）税という。

④次の中で，直接税で国税はどれか。

　A　消費税　　　B　所得税　　　C　法人税　　D　酒税　　　　E　関税

　F　タバコ税　　G　ゴルフ場利用税　　　H　自動車税　I　固定資産税

⑤所得の多い国民からは税金を多く取るしくみを（　　）制度という。

⑥国の1年間の収入を（　　）という。

⑦自社株を買える権利を社員や役員に与える制度を（　　）という。

⑧企業の内部情報を知った人が，不正にその企業の株の売買をすることを（　　）取引という。

⑨有価証券を売る時に得た利益を（　　）という。

⑩2024年に改刷の新紙幣で，1万円札の肖像画の人物は現：福沢諭吉から（　　）となる。

3. 社会問題について述べています。空欄に適切な語句を入れ文を完成させなさい。

①1980年代に起こった，金融市場や証券市場における大改革を（　　）という。

②企業が，業務を外部委託することを（　　）という。

③次々といろいろな業務を持つ企業を買収・合併して，多角的経営を営む企業体を（　　）という。

④大企業など，他企業が参入しないような隙間市場で事業展開することで，競争に勝とうとする戦略を（　　）戦略という。

⑤ブロードバンドなど，ITの普及で可能になった在宅型業務形態を（　　）という。

⑥消費支出に占める養育費の割合を（　　）係数という。

⑦働きすぎが原因で健康障害を起こしたり，突然死亡することを（　　）という。

⑧会社内などで性的嫌がらせなどを意味することばは（　　）である。

⑨国民からの保険料をもとに，高齢者に介護サービスを提供する社会保険制度を（　　）という。

⑩1人当たりの仕事時間を短縮して仕事を分け合うことで，雇用を維持しようという方法を（　　）という。

⑪高齢化社会とは，（　　）歳以上の人が総人口の7％を超えた状態をいう。

⑫恋人や夫など，身近な人から受ける暴力を（　　）という。

⑬医師や薬剤師が，患者に診療や投薬に関して十分説明することを（　　）という。

4. 情報通信について述べています。 空欄に適切な語句を入れ文を完成させなさい。

①情報を集め，そこから主体的に正しく取捨選択できる能力を（　　）という。

②情報通信技術を利用できる人とできない人とで生じる貧富や地位などの格差のことを（　　）という。

③偽サイトなどで個人情報などを不正に入手する行為を（　　）という。

④高性能になったコンピュータが収集した膨大なデジタルデータのことを（　　）という。

⑤ICT技術の発展に伴い，全国の児童・生徒一人に1台コンピュータと高速ネットワークを整備する文部科学省の取り組みを（　　）という。

⑥コンピュータで人間の知能を人工的に再現したAIの技術向上には，多くのデータから特徴などを読み取る（　　）が必要といわれている。

⑦ビットコインやイーサリアムなど管理人のいない暗号資産では，データ改ざんを防ぐために（　　）といった技術が使われている。

⑧インターネットに接続されていなかった住宅，車，家電製品など様々なモノがネットワーク化して相互に情報交換するしくみを（　　）という。

5. 環境問題について述べています。 空欄に適切な語句を入れ文を完成させなさい。

①1950～60年代の高度成長期の頃から，工場の過度の集中や生産第一主義などによって，大気，水質，土壌などの汚染が広がった。これを（　　）という。

②化石燃料の大量消費によって大気中の二酸化炭素が増え，地球全体の平均気温が上がることを（　　）という。

③有害物質を排出しない，または排出量が少ないエネルギーを（　　）という。

④石炭・石油・天然ガスを総称して（　　）燃料という。

⑤エアコンの熱などで都市の過密地域の気温が通常以上に高くなることを（　　）という。

⑥1997年に開催され，国ごとの二酸化炭素の排出削減目標が初めて決められた会議は，地球温暖化防止（　　）会議という。

⑦フロンガスによって起こる（　　）の破壊は，有害な紫外線が地上に届きやすくなる。

⑧1992年，国連環境開発会議で地球温暖化防止条約とも言われる（　　）が採択された。

⑨使用済み家電のリサイクルを定めた法律を（　　）という。

⑩1975年にできた，絶滅の恐れのある動植物の野生種を保護する目的で作られた条約は（　　）である。

3. 日本地理・世界地理

> **これが重要！**
>
> 国の形や都市の位置が浮かぶように
> 都道府県の県庁所在地は書けるように
> その地域にしかない地形，産業は覚えよう
> 調べる時は地図を見ながら場所を確認する

高得点への対策

◎地図記号や用語は基本。一通り読めること。

◎山地山脈，河川，湖など地勢，町の様子は確実に覚えよう。

◎国と首都名はよく出るのでまとめておく。

◎地図当てなどのクイズや，旅行を計画する時などには地図を見ておく。

●例題　次の問いに答えなさい。

A. 日本の世界遺産の数はいくつありますか。

B. 日本で一番面積が大きい県はどこですか。

C. インドネシアの首都はどこですか。

D. ダイヤモンドの産出量が多い国はどこですか。

→**解答**　A. 25（2023年4月現在。文化遺産20，自然遺産5）　　B. 岩手県　　C. ジャカルタ

D. ロシア（ほかにボツワナ，コンゴ民主共和国，オーストラリアなど）

◎日本地理・世界地理

1. 世界の様子について次の問いに答えなさい。

①地球の表面の海と陸地の割合はおよそ（　　）：3である。

②世界には6つの大陸がある。アフリカ大陸，北アメリカ大陸，南アメリカ大陸，オーストラリア大陸，南極大陸と（　　）大陸である。

③三大洋とは，大西洋，インド洋と（　　）である。

④大陸や島の周りに広がる深さ200m位までの海を（　　）という。

⑤地図の角度が正しいので航海図として使われるのは（　　）図法である。

⑥高緯度地方では夏至の頃太陽が沈まず薄明るい夜が続く。これを（　　）という。

⑦日本で子午線が通っている都市は，東経135度を通る（　　）市である。

⑧日付変更線を東から西に越えると，日付は1日（　　）。

⑨地図では特別に指定がない場合は上の方角は（　　）である。

⑩川が山地から平地に出るところに，土砂が積もって緩やかに扇形の傾斜地ができることがある。この地形を（　　）という。

◎様々な国

2. 以下の設問に答えなさい。

①国というのは，領土・国民と（　　）が必要である。

②ロシア・朝鮮民主主義人民共和国・大韓民国・中国・インド・台湾の中で日本から一番遠い国は（　　）である。

③次の国の中で日本と同じ緯度でない国はどれですか。

　　A　中国　　　　　B　イラン　　　　　C　エジプト　　　　　D　ノルウェー

④面積の大きい順に並べると，ロシア・カナダ・（　　）である。

⑤人口の多い国は，中国・インド・（　　）である。

⑥長靴のような形の半島が国土の大半を占めるヨーロッパの国は（　　）である。

⑦フランス，ドイツ，イタリア，オーストリアに囲まれた国は（　　）である。

⑧三陸とは，もともと陸前，陸中，（　　）の三国の総称であった。

⑨日本から最も遠い国は（　　）である。

⑩日本と貿易の面で輸出でも輸入でも一番なのは（　　）である。

◎日本の成り立ち

3. 以下の設問に答えなさい。

①日本は，北海道，本州，九州，（　　）の4つの大きな島と約7000の小さな島からなる。

②北方領土といわれるのは，歯舞諸島（はぼまい），色丹島（しこたん），択捉島（えとろふ）と（　　）島である。

③西日本と東日本は，（　　）という糸魚川から静岡市を結んだ線を境に分けられる。

④都道府県の数は，1都，1道，2府，（　　）県ある。

⑤日本列島は南北に約（　　）kmに渡る島国である。

⑥日本はヨーロッパから見ると極（　　）に位置する。

⑦日本の首都は（　　）である。

⑧世界最大級のカルデラ式火山は（　　）である。

⑨若狭湾や三陸海岸のような入り組んだ地形を（　　）海岸という。

⑩江戸時代「天下の台所」といわれて商業の中心地だったのは（　　）である。

⑪日本アルプスといわれるのは，赤石山脈，木曽山脈と（　　）山脈である。

⑫秋田県と青森県の境にある，ブナの原生林が広がる（　　）山地は世界遺産に指定された。

⑬東京都には全国の約（　　）％の人口が集まっている。

◎県庁所在地

4. 次の都道府県の県庁所在地を書きなさい。

①北海道　　②岩手県　　③宮城県　　④茨城県　　⑤栃木県　　⑥群馬県
⑦埼玉県　　⑧神奈川県　⑨山梨県　　⑩愛知県　　⑪滋賀県　　⑫三重県
⑬石川県　　⑭兵庫県　　⑮香川県　　⑯愛媛県　　⑰島根県　　⑱沖縄県

◎世界地理

5. 以下の設問に答えなさい。

①2023年4月現在，世界には（　　　）の独立国がある。

②世界で最も面積の大きい国は（　　　）である。

③東アジアには，チベット高原や世界一高いエベレスト山を持つ（　　　）山脈がある。

④2010年から2011年にかけて，中東や北アフリカで起こった大規模な政治変動を（　　　）という。

⑤北朝鮮と韓国の境界線は，北緯（　　　）度付近である。

⑥中国では香港とマカオが特別行政区として定められ，（　　　）が適用されている。

⑦朝鮮半島は第二次大戦後，朝鮮民主主義人民共和国と（　　　）に分かれた。

⑧ゲルと呼ばれる移動式テントで生活する遊牧をする民族がいる国は（　　　）である。

⑨日本の鉄鉱石の輸入先は主にオーストラリアと（　　　）である。

⑩アルミニウムの原料である（　　　）の産出量が最も多い国はオーストラリアである。

⑪タイ・ミャンマー・カンボジアで多くの人が信仰している宗教は（　　　）である。

⑫インドで，生まれた時から身分や職業が決められている，ヒンドゥー教にまつわる制度を（　　　）制という。現在は憲法によって禁止されている。

⑬インドは1990年くらいから（　　　）産業が盛んになっている。

⑭ペルシア湾岸にあり，原油の生産量が世界一の国は（　　　）である。

⑮アラブ人の多くが信仰している宗教は（　　　）教である。

⑯1960年に石油産出国が結成した石油輸出国機構の略称は（　　　）である。

◎世界の国と首都

6. 次の国の首都名を書きなさい。

①アメリカ合衆国　　②カナダ　　　　③フランス　　　④イギリス

⑤ドイツ　　　　　　⑥イタリア　　　⑦スペイン　　　⑧スイス

⑨スウェーデン　　　⑩ノルウェー　　⑪サウジアラビア　⑫インド

⑬中華人民共和国　　⑭大韓民国　　　⑮フィリピン　　⑯タイ

⑰イラン　　　　　　⑱オーストラリア　⑲ブラジル　　　⑳アルゼンチン

◎アフリカ・ヨーロッパの国々

7. 以下の設問に答えなさい。

①1960年，17の国が独立国となったことからこの年を（　　　）という。

②ギニア湾ではチョコレートやココアの原料となる（　　　）豆の栽培が盛んである。

③アフリカ大陸は，金・銅・ボーキサイトや（　　　）といった鉱物資源に恵まれている。

④1991年に廃止されるまで，有色人種を差別し隔離する（　　）をとっていたのは南アフリカ共和国である。

⑤アフリカ北部に広がる世界最大の砂漠は（　　）という。

⑥氷河に削られた後の地形を（　　）という。

⑦アメリカなどとの経済的競争力をつけるためにECを結成したが，1993年にこれを発展し（　　）となった。

⑧世界に先駆けて産業革命を行い，世界の工場と呼ばれたのは（　　）である。

⑨美術や音楽など文化の国として知られ，ヨーロッパの代表的な農業国である国は（　　）である。

⑩1990年に東西が統一され，ヨーロッパ最大の工業地域ルール地方を持つ国は（　　）である。

⑪ローマ帝国の遺跡があり，世界遺産登録の多い国で，地中海に面し夏はオリーブ，ぶどうなどの栽培が盛んな国は（　　）である。

⑫国土はポルダーと呼ばれる干拓地が広がり，チューリップなどの園芸農業が盛んで，ユーロポートを持つ国は（　　）である。

⑬酪農が盛んで時計など精密機械工業が発達し，観光客も多い永世中立国は（　　）である。

⑭ベルギー・ルクセンブルク・オランダの3国を（　　）という。

⑮欧州共同体（EC）から発展し，1993年マーストリヒト条約によって発足した欧州連合（EU）は，2023年4月現在で（　　）か国が加盟している。

◎アメリカ

8. **以下の設問に答えなさい。**

①北東部のボストンから首都ワシントンまでの約700kmにわたる大都市が集まった地域を（　　）という。

②アメリカの（　　）生産量は世界一である。

③アメリカの鉱物資源では，メキシコ湾の石油，アパラチアの石炭とメサビの（　　）が有名である。

④五大湖周辺，とくにデトロイトに発達した産業は（　　）である。

⑤北緯37度以南は土地や税金が安いことから，東西に1970年代以降工業が発達した。この地域を（　　）という。

⑥サンフランシスコ・ベイエリア南部は電子産業が集中し（　　）と呼ばれる。

⑦世界各地に工場や会社を作って，現地の資本や労働力を活かした経営をしている（　　）が多い。

⑧アメリカの首都は（　　）である。

⑨アメリカで金融・商業の中心地で，自由の女神像がある都市は（　　）である。

⑩西海岸地区にある，映画産業が盛んでアジア人も多く住んでいる都市は（　　）である。

⑪アメリカ大陸を流れる世界2番目の流域面積を持つ川は（　　）である。

⑫アメリカ大陸を南北にわたる山脈を（　　）という。

◎国連・世界機関

9. 以下の設問に答えなさい。

①独立して自国内の政治を行っていく権利を持つ国家を（　　　）という。

②第二次大戦の後，その反省を踏まえて1945年にサンフランシスコ会議が開かれ（　　　）憲章を採択した。

③国際連合の本部は（　　　）に置かれている。

④（　　　）は国際連合の最高機関で全加盟国によって構成され，1国1票の投票権を持つ。

⑤（　　　）は平和維持に対して最も重要な役割を果たす国連の中心機関であり，5つの常任理事国と10か国による非常任理事国がある。

⑥重要事項の議決の方法は，5つの常任理事国を含む9か国の賛成が必要で，反対する常任理事国が1か国でもあれば成立しない，これを（　　　）権という。

⑦5つの常任理事国とは，アメリカ，ロシア，イギリス，フランスと（　　　）である。

⑧第二次大戦後，自由主義のアメリカと社会主義のソ連との間で戦火を交えない対立があった。これを（　　　）という。

⑨1990年に東西（　　　）が統一し，ベルリンの壁が壊された。

⑩1991年にはワルシャワ条約機構が解体し，（　　　）が崩壊した。

⑪1950年から1960年にかけて多くの独立国が生まれ，米ソのどちらにも入らない国ができた。これを（　　　）という。

⑫1963年に締結され，地下以外の核実験を禁止することを定めた条約を（　　　）という。

⑬日本の政府開発援助の一環として，国際協力機構（JICA）が発展途上の国々へ人を派遣して，農業や教育など指導・援助にあたる組織を（　　　）という。

◎国際略語

10. 次の略語と名称を結びなさい。

①NATO　・　　　　　・ア　欧州連合

②ODA　・　　　　　・イ　アジア太平洋経済協力

③ASEAN　・　　　　　・ウ　北大西洋条約機構

④APEC　・　　　　　・エ　東南アジア諸国連合

⑤EU　・　　　　　・オ　政府開発援助

11. 次の国連に関係する機関の名称と略語を結びなさい。

①国連児童基金　　　　　・　　　　　・ア　ILO

②国際労働機関　　　　　・　　　　　・イ　WHO

③国連教育科学文化機関　・　　　　　・ウ　IMF

④世界保健機関　　　　　・　　　　　・エ　UNICEF

⑤国際通貨基金　　　　　・　　　　　・オ　UNESCO

4. 日本と世界の歴史

> **これが重要!**
>
> 大きな時代の流れを見ておく
> 各時代に起こった事件と人物を結ぶ
> (作品と人物, 宗派と人物, 戦争と人物など)
> 歴史の転換点となる出来事は要注意!
> (戦争・内乱・制度改革・世界の革命)
> その時代にしかない役職, 建築物などをまとめる

高得点への対策

◎まず人物, 時代は漢字で書けること。

◎時代をすべて順番に書けることが大切(年号も一緒に)。

◎時代ごとの特徴があるのでそれをまとめる。

◎宗派, 政治のしくみなどグループごとに書いてまとめる。

●例題　次の問いに答えなさい。
A. 室町時代と江戸時代の間の時代を何という。
B. 50歳を過ぎて全国を測量して正確な地図を作った人は誰か。
C. 14世紀ギリシア・ローマの文芸復興運動をなんというか。
D. 種子島に漂着したポルトガル人によって伝えられたものは何か。

→**解答**　A. 安土桃山時代　　B. 伊能忠敬　　C. ルネサンス　　D. 鉄砲

◎**日本史・世界史**

1. 以下の空欄に入る適切な語句を答えなさい。

・イエスが生まれた年を紀元1年とし, それ以前を紀元前, それ以後を紀元後
　と表す年代の表し方を(①)という。

・100年を1つの単位として区切る年代の長さを(②)という。

・21世紀は2001年から(③)年までの期間である。

・次の(　　)内の時代区分名を書きなさい。

　令和 － 平成 － 昭和 －(④)－ 明治 －(⑤)－安土桃山 －(⑥)－ 鎌倉
　－(⑦)－(⑧)－ 飛鳥 －(⑨)－ 縄文

・人類の特徴は, 道具を作り使うこと, 火と言葉を使うことと(⑩)である。

・世界の四大文明とは, エジプト文明, 黄河文明, インダス文明と(⑪)である。

・紀元前6～5世紀ごろ, (⑫)が仏教を開いて人間の平等を説いた。

・秦の始皇帝は北方遊牧民の侵入を防ぐために(⑬)を築いた。

memo

◎日本史

2. 以下の設問に答えなさい。

①次の事柄の中で，弥生時代を表す事柄を4つ選びなさい。

　　ア　貝塚　　イ　竪穴式住居　　ウ　青銅器　　エ　水稲農耕技術の安定

　　オ　土偶　　カ　登呂遺跡　　キ　自然信仰　　ク　国の出現

②次の事柄で厩戸王（聖徳太子）に関係のないものはどれか。

　　ア　冠位十二階：個人の能力に合わせて人材を登用する

　　イ　遣唐使派遣：犬上御田鍬を大陸に遣わす

　　ウ　憲法十七条：政治の理想や役人の心得を示す

　　エ　法隆寺建立：ギリシア文明の影響を受けた世界最古の木造建築

　　オ　飛鳥文化　：仏教信仰の元に栄えた文化

③次の出来事と関係する人物の組み合わせで誤っているものを選びなさい。

　　ア　大 化 改 新：物部氏，中大兄皇子，中臣鎌足

　　イ　壬 申 の 乱：大友皇子，大海人皇子，天智天皇

　　ウ　天 平 文 化：聖武天皇，鑑真，光明皇后

　　エ　平 城 京：元明天皇，阿倍仲麻呂，山上憶良

◎古代の歴史

3. 次の事柄が正しければ○，間違っていれば正しく書き直しなさい。

①聖武天皇は仏教の力で国を守ろうとし，国ごとに東大寺を建てた。

②奈良時代の役人の悲哀を歌ったのが山上憶良の『貧窮問答歌』である。

③唐から渡来した鑑真を迎えて建てた寺は唐招提寺である。

④東大寺の倉庫だった正倉院の建築様式は，校倉造と呼ばれている。

⑤天皇から農民までの約4500首収められている歌集は『万葉集』である。

⑥国ごとの自然や産物，伝説などが書かれている書物は『日本書紀』である。

◎宗派と開祖

4. 次の開祖と宗派を組み合わせなさい。

①最澄　　・　　　　・ア　臨済宗

②法然　　・　　　　・イ　真言宗

③空海　　・　　　　・ウ　浄土真宗

④親鸞　　・　　　　・エ　天台宗

⑤栄西　　・　　　　・オ　浄土宗

◎漢字の読み

5. 次の作品と作者（撰者）の関係で誤っているものはどれか，番号で答えなさい。

①源氏物語 － 紫式部　　　　　②枕草子 － 清少納言

③古今和歌集 － 紀貫之　　　　④土佐日記 － 紀貫之

⑤方丈記 － 鴨長明　　　　　　⑥新古今和歌集 － 藤原定家

⑦徒然草 － 本居宣長　　　　　⑧西洋紀聞 － 新井白石

⑨日本永代蔵 － 井原西鶴　　　⑩南総里見八犬伝 － 十返舎一九

◎時代と建築様式

6. 次の時代と建築様式の組み合わせで間違いはどれか。

①奈良時代 － 校倉造 　　②平安時代 － 寝殿造 　　③鎌倉時代 － 武家造

④室町時代 － 書院造 　　⑤江戸時代 － 城郭造

◎三大改革

7. 江戸時代の三大改革について，答えなさい。

①享保の改革 － 寛政の改革 －（　　）の改革の順番で行われた。

②享保の改革を行った8代将軍は，（　　）である。

③民衆の声を聞くための投書箱を（　　）という。

④19世紀の前半，老中水野忠邦が行った改革は（　　）である。

⑤天保の飢饉を背景に，貧しい人に声をかけて，大坂で反乱を起こした役人は（　　）である。

◎条約と人物

8. 次の事柄に関係の深い人を下から選びなさい。

①日米和親条約　－（　　）　　　　②日米修好通商条約　－（　　）

③安政の大獄　　－（　　）　　　　④薩長同盟　　　　　－（　　）

⑤大政奉還　　　－（　　）

　ア　坂本龍馬　　　イ　徳川慶喜　　　ウ　豊臣秀吉　　　エ　ペリー

　オ　ハリス　　　　カ　ザビエル　　　キ　吉田松陰　　　ク　近藤勇

◎維新の時代

9. 次の明治維新について問いに答えなさい。

①明治天皇は5か条からなる新政府の方針を発表したが，これを（　　）という。

②江戸を改め，首都を（　　）とした。

③諸大名が持っていた領地や領民を天皇に返上させ，大名を知事にしたことを（　　）という。

④藩を廃止して全国を府・県に分けたことを（　　）という。

⑤政府は制度改革を推進し，（　　）体制の確立を目指した。

⑥政府の積極的な欧米文化導入に伴って社会的に大きな変化が起こったが，これを（　　）という。

⑦人間の平等と学問の大切さを説いた『学問のすゝめ』を著した人は（　　）である。

⑧鹿児島の士族たちは，征韓論で政府を去った（　　）を立てて，西南戦争を起こした。

⑨1885年に内閣制度が作られて初代の内閣総理大臣になったのは（　　）である。

⑩1889年天皇が国民に与える形で（　　）が発布された。

◎戦争と条約

10. 次の戦争と条約（宣言）の組み合わせで間違いがあれば指摘しなさい。

①日清戦争 － 北京条約　　　　　　②日露戦争 － ポーツマス条約

③第一次世界大戦 － ベルサイユ条約　④第二次世界大戦 － ポツダム宣言

◎絶対主義国の盛衰

11. 次の事柄にあてはまる言葉を書きなさい。

①16〜18世紀のヨーロッパでは，国王が絶対的な権力を持って専制政治を行った。これを（　　）という。

②16世紀後半イギリスの（　　）1世は，スペインの無敵艦隊を破って世界に進出した。

③国王は専制政治を行い，重税を課しピューリタンを圧迫した。これに対して，クロムウェルが国王軍を破った革命を（　　）という。

④クロムウェルの死後，王政が復活してカトリックの信仰を強制しようとした。これに対して国民は王を追放して，血を流さずに革命を達成した。これを（　　）という。

⑤イギリスがアメリカに13州の植民地を作ったが，管理や税が厳しかったため，植民地側がフランスやスペインの協力を得て戦い勝利し，1776年に（　　）宣言を発表し，1787年に独立した。

⑥18世紀フランスでは財政が悪化する中で，王が身分別の議会を召集したが，民衆は自分たちの議会を作った。これを王が抑えようとしたため民衆がバスティーユ監獄を襲い（　　）革命となった。

⑦イギリスではマニュファクチュアから工場制機械工業への発展と，それに伴う社会の変化である（　　）が起こった。

⑧『法の精神』の中で，国家権力の濫用を防ぐために，権力を3つに分ける必要があると説いた人物は（　　）である。

⑨フランスの思想家で『社会契約論』を著して人民主権を説き，フランス革命に影響を与えた人は（　　）である。

⑩エンゲルスと共に「共産党宣言」を発表し，労働者の生活向上のために社会主義を説いた人は（　　）である。

◎大航海時代

12. 次の事柄にあてはまる人物を書きなさい。

①イタリア出身で，大西洋を西へ進めばアジアに到達すると考え，スペイン女王の援助を受けて航海に出て，アメリカに着いた。

②ポルトガル人でアフリカ西海岸を探検し，アフリカの南を回ってインドに着いた。

◎主な日本史年号

13. 次の年号にあてはまる出来事を選びなさい。

①645年　　②701年　　③710年　　④794年　　⑤1185年

⑥1467年　　⑦1590年　　⑧1600年　　⑨1914年　　⑩1939年

　　ア　平安京に都を移す　　　イ　壇の浦の戦

　　ウ　平城京に都を移す　　　エ　大化改新　　　オ　大宝律令制定

　　カ　第二次世界大戦開戦　　キ　応仁の乱　　　ク　豊臣秀吉全国統一

　　ケ　第一次世界大戦開戦　　コ　関が原の戦

memo

一般常識

数学

Mathematics

数学の出題傾向

試験の概要

　適性試験のほうで十分力がわかるからかもしれませんが，数学は国語と同様多くの会社で出される問題です。技術系や金融系など，多くの業種で出題されます。計算の基礎や判断分析の基礎，図形の認識などの理解度を知るために使われることがあります。

　レベルとしては基礎レベルがきっちりしていれば問題ありません。むしろ，いかに**正確に**問題を解いていけるかという数の運用力をみるためや，計算力を測るために使われるようです。計算の基礎は義務教育にあります。四則計算や公式の運用などが速くできれば問題ありません。

よくでる単元

　出題傾向としては，圧倒的に計算問題が多いです。**基本的な四則計算**から，複雑な計算まで，分数や小数を加えた式がたくさん出ます。またルートを使った計算や累乗を使った問題など，いろいろな形式の問題が出てきますので，計算は全て解けるようにしておきましょう。

　普段から数字に慣れておくと，暗算など，計算が間違いなく速く解けます。また，推測できる力がつくなど概数の捉え方も高まりますので，できるだけ普段から計算するような機会を作ってください。

　次に文章題が多いですが，文章題の多くは短い文章です。その中から式を立てる関係を見いだすことができればOKです。

　文章題は要するに論理的に**式を立てられるか**をみる問題です。公式や考え方などを覚えておくと計算がぐっと楽になります。

　計算は慣れが一番です。自分が間違いやすい計算パターンを分析して，解き慣れておきましょう。

　その次に**スピード**がつけば数学は得点源になれます。

　暗算でできるくらいの正確さと速さをつけてください。

1. 数の計算

> （×）（÷）は（＋）（−）より先に計算する
> 四則混合算は,（＋）（−）で計算を分ける
> 分数の（＋）（−）は, 分母を揃え分子だけ計算
> 等式の変形は,（＝）を越えると符号は逆になる
>
> これが
> 重要!

高得点への対策

◎（＋）（−）だけの計算は, 符号を揃えてまとめると計算が楽で正確になる。

◎符号とその後の数字は離さないで同時に移動する。

◎等式の変形では,（＝）を越える時は数字の前の符号を反対に替える。

◎小数の計算は, 10倍, 100倍して整数で計算すると速く正確にできる。

●例題　次の式の答えを書きなさい。

A.　$(-4)+(+3)-(-5)+(-2)$　　　B.　$(+6)÷(-21)×(-28)$

→解答　A.　$(-4)+(+3)-(-5)+(-2)$　　　B.　　$(+6)÷(-21)×(-28)$

$\quad\quad\quad =(-4)+(+3)+(+5)+(-2)$　　　$=+(6÷21×28)$…符号を決めておく

$\quad\quad\quad =(+3)+(+5)+(-4)+(-2)$　　　$=2÷7×28$…割り算（分数）を通分

$\quad\quad\quad =8-6$　　　　　　　　　　　　$=2×28÷7$

$\quad\quad\quad =2$　　　　　　　　　　　　　　$=2×4=8$

◎数と式の計算

1.　次の式の計算をしなさい。

①$346+187=$　　　　　　　②$1279-496=$

③$28-39+58=$　　　　　　④$273×68=$

⑤$45÷5÷3=$　　　　　　　⑥$21×9÷7=$

⑦$0.23+0.08=$　　　　　　⑧$0.58-0.29=$

⑨$8.1÷4.05=$　　　　　　　⑩$3.8×2.1=$

2.　次の式の計算をしなさい。

①$\dfrac{1}{2}-\dfrac{1}{3}+\dfrac{3}{4}=$　　　　　②$\dfrac{1}{2}-\dfrac{1}{4}-\dfrac{1}{8}-\dfrac{1}{16}=$

③$1\dfrac{1}{7}×2\dfrac{4}{5}=$　　　　　　④$18÷24×4÷3=$

⑤$48-24÷6=$　　　　　　⑥$12345×9+6=$

⑦$3×(9-5)÷5×4=$　　　　⑧$356-\{96-(76-55)÷3\}=$

⑨$162.8-(12.8+7.3×2.8)=$　　⑩$\dfrac{3}{2}×(\dfrac{5}{3}+\dfrac{1}{2})÷\dfrac{1}{8}=$

3. 次の式の計算をしなさい。

①$(+4)+(+7)=$ ②$(-5)+(-8)=$

③$(-3)-(+6)=$ ④$(+8)-(-7)=$

⑤$(+6)\times(-8)=$ ⑥$(-48)\div(-6)=$

⑦$7+(-26)-(-39)-15=$ ⑧$(-21)\times(-6^2)\div(-3)^3=$

⑨$45-(-9)\times(-12)\div(-4)=$ ⑩$(-4)\div(-2)^2-(-3)^3\times(-5)=$

4. 次の式の計算をしなさい。

①$6ab\times2a^2\div3ab=$ ②$x^2y^3\div4xy\times8y=$

③$x^2y\div xy^3\div x^2y=$ ④$4abc\times(-5ab)\div2ab=$

⑤$(-4ab)^3\div8a^2bc\times4b^2c=$ ⑥$xy^2\times(-6y^2)\div(-8xy)^2=$

⑦$12x\div4x^2\times(-2x)=$ ⑧$(-30x^2y)\div2x\div(-3y)^2=$

⑨$x+4(x-3y)+8x^2y\div(-2x)^2=$ ⑩$4a^2b^2\div ab\div2^2-(-3a)^3\times ab^2=$

5. 次の等式を[   ]の文字について解きなさい。

①$4x+y=9$ [y]   ②$5a=4b-6c$ [b]

③$S=vt+c$ [t]   ④$y=\dfrac{2}{3}x+5$ [x]

⑤$V=\dfrac{1}{3}\cdot Sh$ [S]   ⑥$L=(x+y)t$ [y]

⑦$y=\dfrac{a+b+c}{3}$ [c]   ⑧$\dfrac{a-b}{3}=\dfrac{a+2b}{5}$ [a]

6. 次の多項式を展開せよ。

①$(x+y)(a+b)$ ②$(x-4)(x+3)$

③$(3a-b)^2$ ④$(x+2y)(x-2y)$

⑤$(ab-c)(ab+c)$ ⑥$(4x+3y)^2$

7. 次の式を計算しなさい。

①$2\sqrt{3}+3\sqrt{3}$ ②$\sqrt{75}-\sqrt{27}$

③$\sqrt{60}\times\sqrt{105}$ ④$\sqrt{108}\div\sqrt{12}$

⑤$\sqrt{25}\times\sqrt{18}\div\sqrt{15}$ ⑥$2\sqrt{96}+\sqrt{150}-5\sqrt{54}$

⑦$7\sqrt{2}\times3\sqrt{12}\div\sqrt{21}$ ⑧$\sqrt{7}(-\sqrt{21}+\sqrt{28})$

⑨$(2\sqrt{3}-3)^2-4(2-3\sqrt{3})$ ⑩$(\sqrt{5}-2)^2-2(\sqrt{5}-2)-8$

2. 文章題

これが重要！

求めたいものをxにする
公式を使って式を立てる
問題から式を立てる力が求められる
単位は大きさの関係を理解して換算する

高得点への対策

◎どんな問題も求めるものをxとして方程式をたてること。

◎カネに関するもの，仕事に関するものは必ず解けるように。

◎公式を忘れたら単位を見ればわかる。

◎単位は，長さ，重さ，広さ，容量を押さえておく。

●例題　次の問いに答えなさい。
A.　1.42km＝(　　)m　　　　B.　距離＝速さ×(　　)
C.　食塩の量＝(　　)×食塩の濃度(%)÷100
D.　売値＝仕入れ値＋(　　)

→**解答**　A.　1420　　　B.　時間　　　C.　食塩水の量　　　D.　利益(もうけ)

◎文章題

1.　次の文章を読み答えなさい。

①A君は4500円，B君は2700円持っている。A君とB君2人の所持金の比はいくらか。

②1:50000の地図上で2cmの長さの場合，実際の距離はいくらか。

③8人でテニスの総当たり戦をします。試合数は何試合になりますか。

④7時間で6650km進むジェット機の時速はいくらか。

⑤国語・社会・理科3科目の平均点が78点だった。これに英語70点，数学82点を加えると全体の平均点はいくらか。

⑥ガソリン24lで360km進む自動車と，45lで531km走るバスとでは，30lのガソリンを入れて走る時，どちらがどれだけ長い距離を走ることができるか。

⑦9%の食塩水が700gあります。これに水を200g加えると，何%の食塩水ができますか。

⑧卵1個が58gのとき，1箱の重さが4.5kgだった。箱の重さが150gのとき，卵は何個入っていたか。

⑨ある輸入品を仕入れ値の3割5分の利益を見込んで定価を3240円にした。この商品の仕入れ値はいくらですか。

memo

◎いろいろな単位

2. あてはまる数字を入れなさい。

①水700cm³の重さは(　　)g　　　　　　②1辺10mの正方形の面積は(　　)a

③1000ml入りのペットボトル10本の重さは(　　)kg

④4.5km²=(　　)m²，3.2a=(　　)m²，4m²=(　　)cm²

⑤7km²=(　　)a，500ml=(　　)l，8600000ml=(　　)kl

◎いろいろな問題

3. 次の文章を読み答えなさい。

①2つの数があります。それらをたすと80，ひくと16です。大きいほうの数はいくらですか。

②何人かの生徒にペンを分けます。1人に4本ずつ分けると24本あまり，7本ずつ分けると15本不足します。生徒は何人いたでしょうか。

③50円切手と84円切手を合わせて15枚買って920円払いました。50円切手は何枚でしたか。

④1周1200mの池があります。ここを1周するのに兄は8分，弟は12分かかります。同じ方向に進む時，兄が周回遅れの弟に追いつくのは出発してから何分後ですか。

⑤長さ280mの列車が秒速18mで走っている。このとき440mのトンネルに入り始めてから完全に出るまでに何秒かかりますか。

⑥ある本を全体の$\frac{3}{8}$まで読んだら，260ページ残っていた。この本は全部で何ページになりますか。

⑦3人が5日働くと144000円もらえる時，4人で2日働くといくらもらえることになるか。

◎関数に関する問題

4. 次の1次関数の式を求めなさい。

①点(4，2)を通り，傾きが$-\frac{1}{2}$である。

②点(6，-3)を通り，$y=\frac{1}{3}x-4$に平行である。

③点(7，6)を通り，切片が-8である。

④x軸の交点が(2，0)，y軸との交点が(0，6)の直線

⑤2点(-3，-3)，(9，5)を通る直線

3. 図形の面積・体積

これが重要!

円や多角形の面積の公式は確実に覚えておく
複合的な図では, 構成している図を見分ける
立体は底面を見て形を決める
展開図からどんな立体か想像できるかな?

高得点への対策

◎円の長さ, 面積の公式, 台形, ひし形の面積の公式は確実に言えること。

◎特に必要がない限り, 円周率はπでいい。

◎立体の体積・容積は, 「縦×横×高さ=底面積×高さ」でOK。

◎「〜柱」は底面積×高さ, 「〜すい」は「〜柱」÷3で求められる。

```
●例題  次の(    )にあてはまる事柄を答えなさい。
A. 円 周 の 公 式 :(    )×2×π
B. 台 形 の 公 式 :(上底＋下底)×(    )÷2
C. 直方体の体積 :(    )×(    )×高さ
D. 円 錐 の 体 積 :(    )×(    )×π×高さ÷(    )
```

→解答 A. 半径   B. 高さ   C. 縦・横   D. 半径・半径・3

◎図形の長さ

1. 次の図形の長さを求めなさい。

①直径5cmの円の円周　　　　　　②半径6cmの円の円周

③直径14cmの半円の扇形の周　　　④半径10cm中心角90度の扇形の周

⑤周りの長さが47.1cmの円の直径

◎図形の面積

2. 次の図形の面積を求めなさい。

①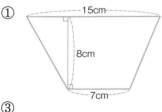

②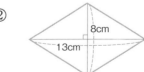

③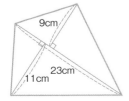

④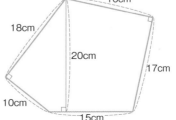

3. 次の図形で，色のついた部分の面積を求めなさい（**π＝3.14** とする）。

①円O

②正方形ABCD

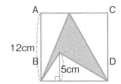

③扇形AOB

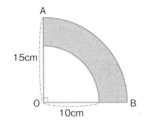

④正方形ABCD

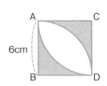

◎図形の体積

4. 次の立体の体積を求めなさい。

①

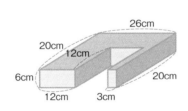

②

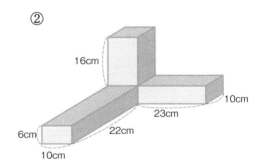

③

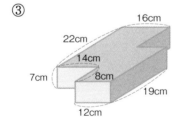

④

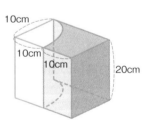

一般常識

理科

Science

理科の出題傾向

試 験 の 概 要

理科の出題は国語，数学，社会などより頻度が少ないです。しかし，最近は公害や貿易問題などのグローバルな問題が起こったり，季節的に台風や地震など特徴的なことがあったりするので，**自然災害などに関係する事柄は把握**しておきましょう。特に，その事柄に関係する業界や企業では出題されやすくなるので，ニュースは毎日チェックしておきましょう。

よ く で る 単 元

試験で出やすい単元は，生物，天体，化学です。次が物理ですが難しい計算はまず出ません。生物では植物，動物の分類，しくみ，はたらきなど，浅く広く知識を求めてきます。天体は身近な星のことや運動，現象は知っておきましょう。化学はそれぞれの物質の化学式や反応の様子がわかるように，また**科学者と発見・発明物**との関係も組み合わせとして知っておきましょう。

問題は選択肢から選ぶのがほとんどで，記述問題はほとんどありません。簡単な知識を問う問題が大半になりますので，「H_2O は水」のように代表的なものをたくさん覚えておきましょう。

『Newton（ニュートン）』などの科学雑誌や，NHKの科学番組などを眺めているだけでも，記憶作業は進められます。日常的に理科的な世界に接する時間を作っていれば，この単元の試験は無理なく準備できるでしょう。

問題レベルは基礎問題がほとんどですから，難しい準備をする必要は全くありません。教科書の基本的な事柄を読み直し，主要な公式を覚えて，使い方を納得しておきましょう。一般常識問題は企業が社内で作る場合もありますので，自分が受けようとする会社に関係する単元は特によく調べておきましょう。

1. 理科の対策

> 基本的な化学式は言えるように
> 研究者と発明・発見した事柄を知っておく
> 代表的な自然科学は答えられるように
> 日常的な現象や身近なしくみを知っておく

これが重要!

高得点への対策

◎物理は, 難しい計算は出ないのでしくみを理解する。

◎化学は, 主な化学式や公式, 試薬や反応の結果が分かればよい。

◎生物は, 植物・動物があり, 植物は種類と構成, 動物は分類と特徴を理解する。

◎地学は, 天体が多い, 地震もたまに出されるが地層はほぼ出ない。

●例題　次の問いの答えを書きなさい。

①太陽系で一番大きな惑星は何か。
　A　土星　　B　水星　　C　木星　　D　太陽

②恐竜が生息していなかったのは何時代か。
　A　白亜紀　　B　ジュラ紀　　C 三畳紀　　D　デボン紀

③オゾン層の破壊の原因となる気体は何か。
　A　水素　　B 過酸化水素　　C　二酸化炭素　　D　フロン

→解答　①—C　地球の 12 倍の大きさの直径を持つ。
　　　　②—D　三畳紀後半に生まれた恐竜が滅んだのは白亜紀の末である。
　　　　③—D　分解されず何年もかけて上空に昇り, 上空のオゾンを分解する。

◎気体の性質

1.　次の気体に関してあてはまるものを選びなさい。

A　酸素　　B　水素　　C　窒素　　D　二酸化炭素　　E　アンモニア

①二酸化マンガンにオキシドールを混ぜるとできる。

②最も軽い気体で, 燃えると水ができる。

③水によく溶け, 水溶液はフェノールフタレイン溶液を赤色に変える。

④空気中の $\dfrac{3}{4}$ を占める体積を持つ。

⑤石灰水を入れると白くにごる。

◎物理と試薬

2. 次の事柄にあてはまる語を書きなさい。

①凸レンズで太陽などの光が集まるところを（　　）という。

②弦の長さを長くすると，音の高さは（　　）なる。

③音は空気中と海水中では（　　）のほうが速く進む。

④BTB 溶液を加えると黄色になったのは，それが（　　）だからである。

⑤水の深さが増すほど圧力は（　　）なる。

⑥空気の重さによる圧力のことを（　　）という。

⑦液体が沸騰すると，温度が変わらなくなる。この温度を（　　）という。

⑧液体を熱して沸騰させ，出てくる気体を冷やして液体にすることを（　　）という。

⑨地球上で 100kg の物体を 1m 持ち上げた仕事は（　　）kJ である。

⑩顕微鏡で，目を近づけて覗くほうのレンズを（　　）という。

◎植物

3. 次の説明に合う事柄を書きなさい。

①エンドウのように，子房を持つつくりの植物を（　　）植物という。

②花粉は（　　）の先の柱頭に付き，被子植物の場合，やがて成長して果実になる。

③葉の中にある（　　）は，ヨウ素液を入れると青紫色に染まる。

④植物が日光に当たってでんぷんを作るはたらきを（　　）という。

⑤葉の表皮には２つの孔辺細胞によって（　　）と呼ばれる隙間がある。

⑥水槽の水草に光を当てたところ泡が出てきた。この泡は（　　）である。

⑦植物は光合成によって（　　）を取り入れ，酸素を出すことができる。

⑧植物の中でも（　　）植物以外は花が咲かない。

⑨葉の表皮から水蒸気が出ていくことを（　　）という。

⑩子葉が２枚で，主根と側根があり，葉脈が網目状になる植物を（　　）という。

◎天体

4. 次の説明に合う事柄を書きなさい。

①地球の直径はおよそ（　　）である。

　ア　4000km　　　イ　8000km　　　　ウ　13000km　　　　エ　18000km

②地球は太陽の周りを１年で１回りする。これを（　　）という。

③太陽の表面温度は約（　　）である。

　ア　4500℃　　　　イ　5500℃　　　　　ウ　7500℃　　　　　エ　12500℃

④月の形が変化して見えるのは，月が（　　）の光を受け地球の周りを公転しているから。

⑤夜の空を見ると時間がたっても動かない星がある。これは（　　）である。

⑥１年で一番昼の時間が長い日を（　　）という。

⑦地球の地軸は，公転面の法線より約（　　）度傾いている。

⑧宵の明星，明けの明星と呼ばれるのは（　　）である。

⑨太陽の周りを回る星を（　　）という。

⑩太陽が真南に見える時のことを（　　）という。

◎化学・運動とエネルギー

5. 次の説明に合う事柄を書きなさい。

①A 塩化銅水溶液，B 砂糖水，C 薄い塩酸，D エタノール水溶液，で電流が流れるのはどれか。

②塩酸を入れて電流を流したら，＋極と－極の両方から気体が発生した。＋極から出た気体は何か。

③電子が出入りして，原子が電気を帯びた状態を（　　）という。

④電解質の水溶液と，2種類の金属板を使って電圧を起こす装置を（　　）という。

⑤力の釣り合いは，2力の大きさが等しく，向きが（　　）で，直線状にある場合に起こる。

⑥水面に浮く木片には下に働く重力と木片を押し上げる（　　）が働いている。

⑦台車などが水平面上を一定の速さで移動する運動を（　　）運動という。

⑧動滑車を使うと，重さに対して力は（　　）になり，引く長さは2倍になる。

⑨仕事をかかった時間で割ったものが（　　）である。

⑩ある点に働く複数の力を，1つの同等な力に置き換えることを（　　）という。

◎科学者たちと発見・発明

6. 次の科学者と業績を組み合わせなさい。

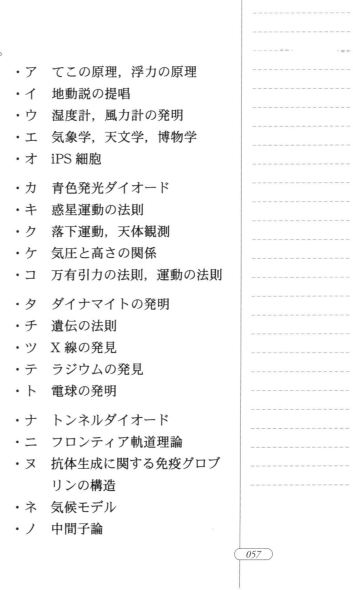

①アリストテレス　　　　　　・　　　・ア　てこの原理，浮力の原理
②アルキメデス　　　　　　　・　　　・イ　地動説の提唱
③山中伸弥　　　　　　　　　・　　　・ウ　湿度計，風力計の発明
④レオナルド・ダ・ビンチ　・　　　・エ　気象学，天文学，博物学
⑤コペルニクス　　　　　　　・　　　・オ　iPS細胞

⑥ガリレオ　　　　　　　　　・　　　・カ　青色発光ダイオード
⑦ケプラー　　　　　　　　　・　　　・キ　惑星運動の法則
⑧パスカル　　　　　　　　　・　　　・ク　落下運動，天体観測
⑨ニュートン　　　　　　　　・　　　・ケ　気圧と高さの関係
⑩中村修二　　　　　　　　　・　　　・コ　万有引力の法則，運動の法則

⑪メンデル　　　　　　　　　・　　　・タ　ダイナマイトの発明
⑫ノーベル　　　　　　　　　・　　　・チ　遺伝の法則
⑬エジソン　　　　　　　　　・　　　・ツ　X線の発見
⑭レントゲン　　　　　　　　・　　　・テ　ラジウムの発見
⑮キュリー夫妻　　　　　　　・　　　・ト　電球の発明

⑯利根川進　　　　　　　　　・　　　・ナ　トンネルダイオード
⑰江崎玲於奈　　　　　　　　・　　　・ニ　フロンティア軌道理論
⑱湯川秀樹　　　　　　　　　・　　　・ヌ　抗体生成に関する免疫グロブリンの構造
⑲福井謙一　　　　　　　　　・　　　・ネ　気候モデル
⑳真鍋淑郎　　　　　　　　　・　　　・ノ　中間子論

◎いろいろな物質の化学式

7. 次の化学物質とあてはまる化学式をア〜コから選びなさい。

①窒素　　②炭素　　③水素　　④酸素　　⑤カルシウム　　⑥カリウム

⑦塩素　　⑧硫黄　　⑨アルミニウム　　⑩亜鉛

ア．Cl_2	イ．Al	ウ．N_2	エ．H_2	オ．C
カ．K	キ．Zn	ク．S_8	ケ．Ca	コ．O_2

8. 次の化学物質とあてはまる化学式を結びなさい。

①アンモニア　　　　　　　　・　　　　　・タ　HCl

②炭酸水素ナトリウム　　　　・　　　　　・チ　$NaCl$

③塩化水素　　　　　　　　　・　　　　　・ツ　NH_3

④硝酸銀　　　　　　　　　　・　　　　　・テ　$AgNO_3$

⑤水酸化ナトリウム　　　　　・　　　　　・ト　FeO

⑥炭酸カルシウム　　　　　　・　　　　　・ナ　$CaCO_3$

⑦酸化マグネシウム　　　　　・　　　　　・ニ　CuO

⑧酸化銅（Ⅱ）　　　　　　　・　　　　　・ヌ　$NaHCO_3$

⑨酸化鉄　　　　　　　　　　・　　　　　・ネ　$NaOH$

⑩塩化ナトリウム　　　　　　・　　　　　・ノ　MgO

一般常識

英語
E n g l i s h

英語の出題傾向

試 験 の 概 要

　どの分野の仕事をするにしても，英語が好きである，または英語が得意であるというのはとても好ましい傾向といえます。企業で求められる英語力は，貿易や金融など専門の分野でのものというよりは，**浅く広く**知っていることが先決です。

　ですから，基本知識に徹してまず見直すことが大切です。

　ほとんどの試験が答案を書いていくスタイルなので，英語も**書いて覚える**ようにしましょう。特に間違った単語や熟語は，その都度書いて覚えましょう。まず5つずつ書いて覚え，さらに5つ増えたら，全体で10語ごとに書いて覚えると頭に残りやすくなります。

　英検®やTOEIC®などの試験を目標にすると，**覚えたことが実績**につながりますから，資格を取るという考え方に広げるのもいいかもしれません。資格は一生使えるので，この際英検準2級以上，TOEIC®500点以上を目指してがんばってみるのもいいと思います。

よくでる単元

　発音の問題，アクセントの問題など音に関する基礎知識，次に文法的な問題，現在進行形，受動態，比較形，関係代名詞，現在完了形は，一通りできるようになっていてください。人称が変わったとき，時制が変わったときなどに正確に書けるようにすることです。

　外来語は，例えば BOAT のように，日本語では「ボート」と理解されていますが，発音では「BOUT」と伸ばしません。まちがった表記で書かれている語が多いので，正確に覚えましょう。また，「サラリーマン」や「ナイター」など和製英語も紛らわしい語の1つです。注意しましょう。

　就職試験の英語では，**難問や奇問は一切出ません**。英語が苦手な人もいると思いますが，基礎に徹して学習をしてください。英語の知識を知るためのものですが，あくまで社会人として一般的に知っているべきことをどれだけ知っているかということですから，あまり重く捉えないで，悪すぎる点を取らないようにという気持ちで，できるところから始めてください。

1. 英語の対策

> 発音・アクセントは声に出して違いを知る **これが重要!**
> 文法は間違ったところ，苦手を集中的に
> ことわざは頻出，代表的な文は覚える
> 日本語化している外来語は正確に書けること

高得点への対策

◎発音は，同じ音の語をまとめて覚えておく。

◎文法は，過去形，進行形，受動態，現在完了形，関係詞が大切。

◎ことわざはまるごとそのまま暗記してしまう。

◎日本語表記の発音は，まちがっているものが多いので，発音記号をみる。

●例題　次の式の答えを書きなさい。

①同じ発音の語を選びなさい

　　u<u>se</u>；　ア. ca<u>se</u>　　イ. choo<u>se</u>　　ウ. el<u>se</u>　　エ. acro<u>ss</u>

②次の英文に相当する日本のことわざを答えなさい

　　It's no use crying over spilt milk.

③次の熟語を訳しなさい

　　now and then ： Once upon a time

→**解答**　①－イ

②覆水盆に返らず → 終わったことは元には戻らない

③ときどき：むかしむかし

◎**単語**

1．次の熟語の空所にあてはまる語を書きなさい。

①Let's play basketball (　　) school.

　　放課後，バスケットボールをしよう。

②"Gone with the wind" is read all (　　) the world.

　　「風と共に去りぬ」は世界中で読まれている。

③I bought two (　　) of shoes yesterday.

　　私は昨日，靴を2足買った。

④How much is a (　　) of this drawing paper?

　　この画用紙はいくらですか？

⑤My father was not at (　　) this morning.

　　父は今朝，家にいなかった。

2. 次の文章を完成させなさい。

① Please be quiet for a (　　).
しばらくの間，静かにしてください。

② Please do not park in (　　) of my house.
家の前に車を止めないでください。

③ I go to school (　　) foot every day.
わたしは毎日歩いて学校に通っています。

④ I (　　) friends with an French boy in Canada.
私はカナダでフランス人の少年と友達になった。

⑤ (　　) my way to school, we saw UFO in the sky.
学校に行く途中，私たちはUFOを見た。

⑥ Clean your room as soon as (　　).
できるだけ早く部屋をきれいにしなさい。

⑦ This book-sized computer is up to (　　).
この本の大きさのコンピュータは最新式だ。

⑧ You were absent (　　) school for four days.
あなたは4日間学校を休んだ。

⑨ She will get well (　　).
彼女はまもなくよくなるでしょう。

⑩ I know how (　　) cook this cake.
私はこのケーキの作り方を知っている。

3. 次の熟語にあてはまる語句を書き入れなさい。

①〜で有名である	be famous (　　)
②〜に興味がある	be interested (　　)
③〜でいっぱいである	be full (　　)
④〜が得意である	be good (　　)
⑤〜が好きである	be fond (　　)
⑥〜で知られている	be known (　　)
⑦〜が気に入る	be pleased (　　)
⑧〜と違っている	be different (　　)
⑨〜を恐れる	be afraid (　　)
⑩〜を欠席する	be absent (　　)
⑪〜を世話する	take care (　　)
⑫Aではなく，Bである	not A (　　) B
⑬〜に属する	belong (　　)
⑭〜出身である	come (　　)
⑮あきらめる	give (　　)

memo

4. 次の文章を同じ意味になるように書き換えなさい。

① He can swim across the river.

→ He is (　　) to swim across the river.

彼はこの川を泳いで渡ることができる。

② They will solve this difficult problem.

→ They are (　　) to solve this difficult problem.

彼らはこの難しい問題を解決するでしょう。

③ You must learn more important skills.

→ You (　　) to learn more important skills.

あなたはもっと大切な技術を学ばねばなりません。

④ You don't have to work on Sunday.

→ You (　　) (　　) work on Sunday.

⑤ You should study every day.

→ (　　) every day.

⑥ Please help me.

→ (　　) you help me ?

⑦ Let's go shopping.

→ How (　　) going shopping ?

→ (　　) we go shopping ?

⑧ We had much work today.

→ We had (　　) (　　) (　　) work today.

→ We had (　　) of work today.

⑨ Lucy is a girl who has blue eyes.

→ Lucy is a girl (　　) blue eyes.

→ Lucy is a girl (　　) eyes are blue.

⑩ We took part in the party.

→ We (　　) the party.

5. 次の会話によく使う文章を訳しなさい。

① Let me see.

② I am looking forward to seeing you again.

③ Get out of my way !

④ May I help you ?

⑤ Thank you for everything.

⑥ Please take off your shoes here.

⑦ Everything is all right.

⑧ You look pale.

⑨ Don't get loss !

⑩ Turn to the left, and you will see the building.

6. 次の単語の下線部の発音が同じものには○，異なる場合は×を書きなさい。

① w<u>al</u>k　 － 　w<u>or</u>k　　　　② s<u>u</u>n　 － 　s<u>o</u>n
③ h<u>ere</u>　 － 　h<u>ear</u>　　　　④ n<u>ow</u>　 － 　kn<u>ow</u>
⑤ h<u>ear</u>d　 － 　h<u>ar</u>d　　　　⑥ th<u>ere</u>　 － 　th<u>ei</u>r
⑦ n<u>a</u>me　 － 　s<u>a</u>me　　　　⑧ f<u>i</u>rst　 － 　f<u>a</u>st
⑨ m<u>ee</u>t　 － 　m<u>ea</u>t　　　　⑩ <u>th</u>is　 － 　<u>th</u>ey

7. 次の単語と同じ発音の語を選びなさい。

① c<u>ou</u>ntry　：　ア　cl<u>ou</u>d　　イ　r<u>ou</u>nd　　ウ　en<u>ou</u>gh　　エ　m<u>ou</u>th
② b<u>oa</u>t　：　ア　m<u>o</u>st　　イ　t<u>a</u>lk　　ウ　w<u>or</u>k　　エ　b<u>ou</u>ght
③ w<u>ar</u>m　：　ア　h<u>ear</u>d　　イ　b<u>ir</u>d　　ウ　h<u>ur</u>t　　エ　h<u>or</u>se
④ th<u>ou</u>ght　：　ア　<u>o</u>nly　　イ　b<u>ou</u>ght　　ウ　m<u>o</u>nth　　エ　gr<u>ou</u>p
⑤ r<u>ea</u>dy　：　ア　l<u>a</u>dy　　イ　s<u>a</u>ys　　ウ　s<u>ea</u>t　　エ　h<u>ear</u>d
⑥ kn<u>i</u>fe　：　ア　m<u>ai</u>l　　イ　l<u>i</u>fe　　ウ　wr<u>i</u>tten　　エ　s<u>i</u>ck
⑦ ask<u>ed</u>　：　ア　studi<u>ed</u>　　イ　reach<u>ed</u>　　ウ　happen<u>ed</u>　　エ　arriv<u>ed</u>

8. 次の単語のイの部分を強く発音するものに○，それ以外のものに×を書きなさい。

① po lice man　　　　② be fore　　　　③ hos pi tal
　 ア　イ　ウ　　　　　　　ア　イ　　　　　　ア　イ　ウ
④ sud den ly　　　　⑤ en joy　　　　⑥ to mor row
　 ア　イ　ウ　　　　　　　ア　イ　　　　　　ア　イ　ウ
⑦ i de a　　　　⑧ bet ween　　　　⑨ per haps
　 ア　イ　ウ　　　　　　ア　イ　　　　　　ア　イ
⑩ be gin　　　　⑪ her self　　　　⑫ yes ter day
　 ア　イ　　　　　　　ア　イ　　　　　　ア　イ　ウ
⑬ tel e vi sion　　　　⑭ de li cious　　　　⑮ en gi neer
　 ア　イ　ウ　エ　　　　　　ア　イ　ウ　　　　　　ア　イ　ウ
⑯ gui tar　　　　⑰ with out　　　　⑱ in ter est ing
　 ア　イ　　　　　　　ア　イ　　　　　　ア　イ　ウ　エ

9. 次の動詞の活用を書き入れなさい。

	原 形	過去形	過去分詞形		原 形	過去形	過去分詞形
①	buy	(　　)	(　　)	②	(　　)	(　　)	cut
③	(　　)	saw	(　　)	④	study	(　　)	studied
⑤	keep	(　　)	(　　)	⑥	(　　)	(　　)	gone
⑦	lie	(　　)	(　　)	⑧	(　　)	(　　)	eaten

10. 次の各組が同じような意味になるように（　　）内に適語を入れなさい。

① This is my book. → This book is (　　).

② He is a good speaker of English.

　→ He (　　) English well.

③ I am very busy, so I can not meet her.

　→ I am (　　) busy (　　) meet her.

④ You must not leave your bag here.

　→ (　　) leave your bag here.

⑤ A week has seven days.

　→ (　　) are seven days in a week.

⑥ Paul helps me and I help him.

　→ Paul and I help (　　) other.

⑦ My sister fell sick last Saturday and she is still sick.

　→ My sister (　　) fallen sick (　　) last Satuday.

⑧ I do not have any books to read.

　→ I have (　　) books to read.

11. 次の語の比較級・最上級を書きなさい。

原形	比較級	最上級		原形	比較級	最上級
① easy	(　)	(　)	②	big	(　)	(　)
③ large	(　)	(　)	④	important	(　)	(　)
⑤ good	(　)	(　)	⑥	much	(　)	(　)

12. 次の語の複数形を書きなさい。

① boy　　② baby　　③ woman　　④ knife　　⑤ child

⑥ leaf　　⑦ box　　⑧ dish　　⑨ deer　　⑩ sheep

13. 次のことわざ・名言に相当する日本語を下のア〜クから選びなさい。

① All work and no play makes Jack a dull boy.

② Where there is a will, there is a way.

③ Haste makes waste.

④ Practice makes perfect.

⑤ Good medicine tastes bitter.

⑥ The early bird catches the worm.

⑦ Rome was not built in a day.

⑧ Seeing is believing.

ア．	早起きは三文の得	イ．	良薬は口に苦し
ウ．	百聞は一見にしかず	エ．	よく遊び，よく学べ
オ．	習うより慣れよ	カ．	精神一到何事かならざらん
キ．	ローマは一日にして成らず	ク．	せいては事を仕損じる

一般常識

文化
Culture

Sports

スポーツ

1. 文化・スポーツ・名数

これが重要!

> 大きな時代ごとに作品と作者をまとめる
> スポーツの起源と現在のしくみを知る
> 顕著な記録と人物を知っておく
> 数字でまとまるグループはまとめて覚える
> 日本古来の名称はここではよく出る

高得点への対策

◎時代ごとに作品と人物は漢字で書けること。

◎スポーツごとに特徴と記録を調べておこう。

◎名数は数字でくくれるグループをまとめればいい。

◎賀寿など古来の呼び名は書いて覚えよう。

●例題　次の事柄に当てはまる答えを書きなさい。

A.　旧暦で「神無月」は何月か。

B.　非核三原則は，核を持たず，作らず，（　　　）せずである。

C.　大相撲の三賞とは，殊勲賞，敢闘賞，（　　　）である。

D.　オリンピックの復興に尽くしたフランス人は（　　　）である。

→解答　A. 10月　　B. 持ちこま　　C. 技能賞　　D. クーベルタン男爵

◎芸術・スポーツ・その他

1.　次の音楽に関する事柄を答えなさい。

①伴奏の伴わない合唱曲を何というか。

②メロディーを必要とせずビートに合わせ韻を踏む，ニューヨーク生まれの音楽のスタイル。

③1人で歌うことはソロ，3人はトリオ，では2人の場合は何というか。

④「ノクターン」は日本語で何のことを意味するか。

⑤ドイツ三大Bとは，ブラームス，バッハとあと1人，誰か。

2.　日本の芸能について答えなさい。

①音楽，舞踏，演劇を融合させた，歌舞伎と並ぶ伝統芸能を何というか。

②沖縄で夏に行われる，祖先の霊を慰めるために演奏される音楽を何というか。

③歌や三味線で演奏され，津軽の風土から生まれた力強いリズムと華麗な装飾音を持つ民謡を何というか。

④奈良時代に中国から伝わり，生田流，山田流があり，「六段の調」を演奏する楽器は何か。

3. 次の文化について答えなさい。

①アメリカ映画の発展のために設けられた世界的に有名な映画賞は何か。

②アメリカの音楽業界で最も権威ある賞は何か。

③アメリカのテレビや放送界で優秀な作品等に贈られる賞は何か。

④ブロードウェイで上演された優れたミュージカル作品に贈られる賞は何か。

⑤2004年カンヌ国際映画祭で14歳の柳楽優弥が日本人初受賞した賞は何か。

⑥1997年北野武監督が金獅子賞を取った国際映画祭は何か。

⑦カンヌ国際映画祭で最優秀作品に贈られる賞は何か。

⑧2002年「千と千尋の神隠し」が金熊賞を受賞した国際映画祭は何か。

⑨日本の映画で初めてアカデミー賞を受賞した作品は黒澤明監督の何か。

⑩2010年，日本人として35年ぶりにベルリン国際映画祭の最優秀女優賞を受賞したのは誰か。

4. 次の美術に関する事柄に答えなさい。

①奈良県にある，現存する木造建築で世界最古のものは（　　）である。

②東大寺南大門に2体ある，運慶・快慶らが造った作品は（　　）である。

③平安時代に建てられた寺で，10円玉にも刻まれているのは（　　）である。

④「秋冬山水図」という水墨画で有名な作者は（　　）である。

⑤「富嶽三十六景」で有名な画家は（　　）である。

⑥古代ギリシアの代表的な建築物で，アクロポリスの丘に立つものは何か。

⑦古代エジプトで，巨石を用いて造られた三角錐状の建造物を（　　）という。

⑧「モナ・リザ」や「最後の晩餐」で有名な画家は（　　）である。

⑨彫刻で「考える人」を制作した人は（　　）である。

⑩晩年の作「睡蓮」で有名な画家は（　　）である。

⑪色の三原色とは，赤・青・（　　）である。

⑫色や濃淡が漸次的に変化することを（　　）という。

5. スポーツについて次の問に答えなさい。

①野球のメジャーリーグ機構はMLB，日本野球機構は（　　）である。

②野球で猛打賞とは，1試合で（　　）本以上のヒットを打つことである。

③プロ野球で，各ポジションごとに最も守備が優れている選手に贈られる賞は（　　）だ。

④名球界へ入れるのは，野手では（　　）安打以上の選手である。

⑤入札によって大リーグに移籍先を求めることを（　　）という。

⑥初の国民栄誉賞に選ばれた人は（　　）である。

⑦2006年に始まった野球の国別対抗戦を（　　）という。

⑧シーズン200本安打を10年間連続達成した選手は（　　）である。

⑨男子体操競技の6種目とは，ゆか，あん馬，つり輪，跳馬，鉄棒と（　　）である。

⑩大相撲の三役とは，大関，小結と（　　）である。

⑪2020年東京オリンピックで日本は金メダルを（　　）個獲得した。

⑫オリンピックの後に行われる身体障害者のオリンピックを（　　）という。

⑬サッカーなどで1試合で1人の選手が3得点以上することを（　　）という。

⑭好成績を上げるために，筋力増強剤などの禁止薬物を投与することを（　　）という。

⑮ゴルフの四大トーナメントは，全米オープン，全英オープン，全米プロ選手権と（　　）である。

⑯テニスの四大トーナメントは，全米オープン，全英オープン，全豪オープンと（　　）である。

⑰1987年のF-1グランプリに日本人ドライバーとして初めて出た人は（　　）である。

⑱サッカー，ラグビー，アメリカンフットボール，アイスホッケーの中で，フィールド上に存在する1チームのメンバーが一番多い競技は（　　）である。

6.　名数に関する問題を読んで答えなさい。

①ルネッサンスの三大発明とは，活版印刷・火薬・（　　）である。

②日本三景とは，松島・厳島・（　　）である。

③日本三名園は，石川県の兼六園，岡山県の後楽園，茨城県の（　　）である。

④三筆とは，嵯峨天皇，橘逸勢と（　　）である。

⑤三聖とは，キリスト，釈迦と（　　）である。

⑥江戸幕府の三奉行とは，寺社奉行，町奉行と（　　）である。

⑦江戸時代の御三家とは，水戸家，尾張家と（　　）である。

⑧大和三山とは，耳成山，畝傍山と（　　）である。

⑨世界三大宗教とは，仏教，キリスト教と（　　）である。

⑩三大栄養素とは，たんぱく質，脂肪と（　　）である。

⑪歴史物語の四鏡とは，『大鏡』，『今鏡』，『水鏡』と（　　）である。

⑫五街道とは，東海道，日光街道，甲州街道，中山道と（　　）である。

⑬五感とは，視覚・聴覚・嗅覚・味覚と（　　）である。

⑭六法とは，民法，刑法，商法，刑事訴訟法，民事訴訟法と（　　）である。

⑮七草とは，セリ，ナズナ，ゴギョウ，ハコベ，ホトケノザ，スズナと（　　）である。

◎旧暦・賀寿

7.　次の月の太陰暦での呼称（和名）を書きなさい。

①1月　　　　②2月　　　　③3月　　　　④5月　　　　⑤10月　　　　⑥12月

8.　次の年齢に当てはまる賀寿を選びなさい。

①60歳　　　②70歳　　　③80歳　　　④88歳　　　⑤99歳

白寿	米寿	古希	還暦	傘寿

9.　次の昔の国名は，今の何県（都道府）にあたるか，下から選びなさい。

①薩摩　　　②土佐　　　③武蔵　　　④石見　　　⑤尾張

島根	高知	東京	愛知	鹿児島

memo

SPI

非言語

Non-language field

分野

1. 損益に関する問題

これが重要!

定価・原価・利益に関する見方をとらえて考える

定価＝原価 ＋ 利益

売値＝定価×（1－割引率）

・原価＝仕入れ値 ・利益＝もうけ

◎定価と売値は異なる

◎売値は，定価を1として割引率を引いたものを掛ける。

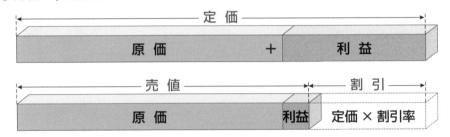

●例題1　原価2800円の品物に原価の20％の利益をつけて定価を決めた。
　　　　定価はいくらか。

→**解答**　利益を求める計算は，原価を1として小数にした割合で求める

利益＝原価×割合　より，

＝ 2800 × 0.2

＝ 560 円

定価＝原価＋利益　より，

＝ 2800 ＋ 560

＝ 3360 円　　　　　　　　＊まとめた式；2800×（1＋0.2）＝3360円

●例題2　上の問題で，定価から20％を引いて売値をつけた場合，利益はどうなるか。

→**解答**　定価≠売値　であることが多い

「売値＝定価×（1－割引率）」より，

売値＝ 3360 ×（1 － 0.2）

＝ 2688 円

利益＝売値－原価

＝ 2688 － 2800

＝－ 112 円………マイナスなので損失となる　　　　　答え　112円の損失

＊まとめると，「利益 ＝売値－原価」より，

利益＝ 3360 ×（1 － 0.2）－原価2800

＝－ 112

1. 1つ120円の柿と1個200円のりんごをあわせて18個買ったら代金は2800円に
なった。柿はいくつ買ったか。

A　8個　　　　　B　9個　　　　　C　10個　　　　D　11個　　　　E　12個

2. 1個120円のガムと1個160円のチョコレートをあわせて7個買って1000円札を出
したら40円おつりがあった。ガムはいくつ買ったか。

A　3個　　　　　B　4個　　　　　C　5個　　　　　D　6個　　　　　E　7個

3. お見舞いにみかんを20個買って行こうと思い果物屋に行ったが、所持金では
300円足りなかった。そこで12個買ったら820円余った。みかん1個の値段は
いくらか。

A　130円　　　B　140円　　　C　150円　　　D　160円　　　E　170円

4. わか君は360円、たか君は200円持っていたが、ふたりとも同じ飲み物を買った
ので、わか君はたか君の持ち金の3倍になった。この飲み物はいくらだったか。

A　80円　　　　B　90円　　　　C　100円　　　D　110円　　　E　120円

5. 町で行われた絵画展の入場料金はおとな500円、子供240円であった。今日の
入場者は98人で入場料金の合計は36000円であった。大人の入場者数は何人
だったか。

A　45人　　　　B　46人　　　　C　47人　　　　D　48人　　　　E　49人

6. 仕入れ値に5000円の利益を見込んで定価をつけた商品がある。この商品を定
価の20％引きで売ったら、仕入れ値に対して5％の利益があった。この商品の仕
入れ値はいくらか。

A　13000円　　B　14000円　　C　15000円　　D　16000円　　E　17000円

7. あるテーマパークに行ったらおとな4人、子供6人で料金は31000円であった。大
人3人の料金が子供の4人分の料金より2000円高かった。子供ひとりの料金は
いくらか。

A　2000円　　　B　2300円　　　C　2500円　　　D　2800円　　　E　3200円

8. 姉と妹がお金を出し合って母の誕生日に18000円の品物を買った。このとき姉は
所持金の$\frac{1}{2}$を出し、妹は$\frac{2}{5}$を出した。残った所持金は姉のほうが妹より1500円
多かった。妹の所持金はいくらだったか。

A　15000円　　B　15500円　　C　16000円　　D　16500円　　E　17000円

2. 距離・速さ・時間

実践的な問題が作りやすい単元, ハ・ジ・キの法則を使いこなす。

距離＝速さ×時間
時間＝距離÷速さ
速さ＝距離÷時間

これが重要!

◎距離は必ず,「分子」におく!
◎「距離・速さ・時間」の順に図を書き示すと計算しやすい。
◎単位は揃えて数字を換算, それから計算する。

●例題1　15kmの距離を分速120mで進むときにかかる時間は何時間何分か。

→解答　「距離＝速さ×時間」より

15km＝15000m

15000÷120＝125分＝2時間5分

●例題2　父は2100m離れた駅に行くのに, はじめは毎時3.6kmの速さで歩き, 途中から毎時9kmの速さで走ったところ, 26分かかった。このとき, 父が歩いた時間は何分か。

→解答　① 図に表して考える
　　　　② 上から「距離・速さ・時間」の順に書く

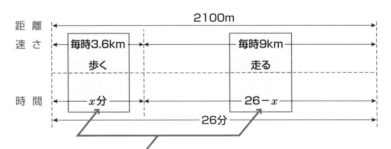

ここの部分を式に表すとそのまま時間を求める式になる

＊単位が「m」「分」なので「時速」は「分速」に替える

毎時3.6km＝3600÷60＝60m/分

毎時9km＝9000÷60＝150m/分

$$60x + 150(26-x) = 2100$$
$$60x + 3900 - 150x = 2100$$
$$60x - 150x = 2100 - 3900$$
$$-90x = -1800$$
$$x = 20$$

答え　20分

memo

◎演習問題

1. 時速80kmで走る自動車は，2時間30分後に何km進むか。

A 170km　　　B 180km　　　C 190km　　　D 200km　　　E 210km

2. 時速900kmで飛ぶジャンボジェット機がある。

①このジェット機が3.6時間飛ぶと，何km進むのか。

A 3000km　　B 3160km　　C 3220km　　D 3230km　　E 3240km

②このジェット機の速さは秒速何mか。

A 200m　　　B 210m　　　C 220m　　　D 230m　　　E 240m

F 250m　　　G 260m　　　H 270m

③このジェット機が375km飛ぶのに，何分かかるか。

A 18分　　　B 25分　　　C 28分50秒　　　D 29分10秒　　　E 30分

3. 家から2kmはなれた友達の家へ行くのに，はじめは毎分60mの速さで歩いたが，途中のコンビニの前から毎分80mの速さで歩いたら，30分後に友達の家に着いた。家からコンビニまでの道のりを求めなさい。

A 1000m　　B 1200m　　C 1400m　　D 1600m　　E 1800m

4. 学校から市役所まで行くのに毎時4kmで歩いていくのと，毎時12kmで自転車で行くのとではかかる時間が30分違う。学校から市役所までの距離を求めなさい。

A 1km　　　B 2km　　　C 3km　　　D 4km　　　E 5km

5. 南北に伸びる一直線の道路がある。この道路に沿って，北から順にAの家，Bの家，Cの家がある。AがCの家に向かって家を出発してから10分後にBがCの家に向かって歩きだしたら，BがCの家に着いた時，AはCの家の手前40mのところにいた。Aは毎分80m，Bは毎分60mの速さで歩くとするとBの家からCの家までの距離を求めなさい。ただし，Aの家とBの家の距離は1300mであった。

A 1200m　　B 1220m　　C 1280m　　D 1320m　　E 1380m

6. ある池の周りをA，B，Cの3人が，同じ地点から同じ方向に，Aは徒歩で，Bは走って，Cは自転車に乗ってまわり始めた。Cは5分後にAに追いつき，それから4分後にBに追いついた。Aの速さは毎分70m，Bの速さは毎分150mであった。Cの速さは毎分何mか。

A 200m　　　B 230m　　　C 250m　　　D 270m　　　E 290m

7. 1つの山をはさんでA町とB町がある。ある人がA町からB町まで行くのに，上りを毎時3km，下りを毎時4kmの速さで歩いて，3時間15分かかってB町に着いた。また，帰りは上りを毎時2km，下りを毎時4kmの速さで歩いて，4時間かかってA町に着いた。A町からB町までの道のりを求めなさい。

A 10km　　　B 11km　　　C 12km　　　D 13km　　　E 14km

3. 仕事算

いくつかの条件を掛け合わせて全体の作業を決める

仕事＝人数×時間×日数
初めの条件の仕事＝後の条件の仕事
1日の仕事量＝1÷日数

◎条件文は2つあるので，方程式を立てる。

◎答えとなる条件式を最初に書くと計算が速い。

◎計算式を書いたら，約分を先にする。

◎全体の仕事量を1とする場合，日数で割ると1日の仕事量になる。

●例題　グラウンドの草取りをするのに，1クラス32人で毎日3時間作業をすると
4日かかる。これを2時間ずつ8日で終わらせるには何人必要か。

→解答　「初めの条件の仕事＝後の条件の仕事」として全体の仕事量を求める。

文章の前半から全体の仕事量を「人数×時間×日数」に当てはめて考える。

① 全体の仕事量＝人数×時間×日数＝32×3×4

② 比べる仕事量＝人数×時間×日数の式に当てはまる数字を入れて式を立てる

人数をx人とすると，$x×2×8$

③ それぞれの式で方程式を作る

このときxのついた式を先に書くと，計算がスムーズに運ぶ

$x×2×8＝32×3×4$ ←ここで約分する！

$2×x＝4×3×4$

$x＝2×3×4$

$\underline{x＝24}$

◎演習問題

1. ある仕事を仕上げるのに，A君1人では18時間，B君1人では12時間，C君1人
では9時間かかる。

①この仕事を3人ですると何時間で仕上がるか。

A　1時間　　B　2時間　　C　3時間　　D　4時間　　E　5時間

②この仕事をB君とC君が2人で2時間したあと，残りをA君1人で仕上げた。
A君は何時間働いたか。

A　5時間　　B　7時間　　C　9時間　　D　11時間　　E　13時間

2. ある文章をパソコンに入力するのに，慶太君は100分，誠也君は80分，愛美さんは50分かかる。はじめ，慶太君と誠也君で20分間入力し，その後，誠也君と愛美さんで終わりまで入力した。

①誠也君と愛美さんで入力した時間は何分か。

A　$10\frac{2}{3}$分　　　B　$11\frac{10}{11}$分　　　C　$12\frac{4}{5}$分

D　$13\frac{7}{9}$分　　　E　$16\frac{12}{13}$分

②誠也君は全体のどれだけを入力したか。

A　$\frac{1}{3}$　　　B　$\frac{5}{6}$　　　C　$\frac{3}{10}$　　　D　$\frac{6}{13}$　　　E　$\frac{6}{17}$

③3人はアルバイト代としてあわせて9100円もらった。これを入力したページ数の割合によって分けると，愛美さんはいくらもらえるか。

A　2010円　　B　2240円　　C　2560円　　D　2800円　　E　3080円

3. ある貯水槽に水をポンプで入れたい。大ポンプと小ポンプの両方を使って8分間水を入れたら水槽の$\frac{2}{3}$にまで入った。このあと小のポンプだけで水を引き続き入れると10分で満水になった。大のポンプは1分間にどれだけ水を入れられるか。

A　$\frac{1}{10}$　　　B　$\frac{1}{15}$　　　C　$\frac{1}{20}$　　　D　$\frac{1}{25}$　　　E　$\frac{1}{30}$

4. おじいさんが1人で田を耕すと20分かかる。今おじいさんが10分耕し，残りを孫が1人で30分かかって耕し終えた。孫1人では1分間に全体のどれだけを耕すことができるか。

A　$\frac{1}{10}$　　　B　$\frac{1}{20}$　　　C　$\frac{1}{30}$　　　D　$\frac{1}{50}$　　　E　$\frac{1}{60}$

5. 8人で10日かかる仕事を始めてから3日たったところで，あと4日で仕上げなければならなくなった。あと何人必要か。

A　3人　　　B　4人　　　C　5人　　　D　6人　　　E　7人

6. 6人が何日か働いてある作業の$\frac{3}{5}$が終わった。残りは8人で4日かかった。この仕事は全部で何日かかったか。

A　8日　　　B　10日　　　C　12日　　　D　14日　　　E　16日

4. 濃度算

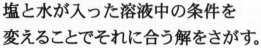

塩と水が入った溶液中の条件を
変えることでそれに合う解をさがす。
①塩の量を求めてから
②濃度を出す

> これが重要!

分子は「塩だけ」なので，塩の量をまず出す。

　塩の量＝％×g÷100　＊(%)と(g)の数字の部分をかけて00をとればいいと考えよう。

・・

濃度の公式は，これひとつ!

$$濃度(\%)=\frac{塩 \times 100}{塩 ＋ 水}$$

＊食塩水は(塩＋水)なのでその数字を分母におく。

・・

出題パターンは4つだけ!!

その① "水を加える"場合 → 「分母だけに＋x」
・公式で水は分母だけにあるので，求める水の量xは分母だけに書く。

●例題1　6%の食塩水100gに200gの水を加えると何%の食塩水になるか。

→**解答**　①まず，塩の量を求める。塩の量＝(%)×(g)＝6×1(00)＝6g
　　　　②次に，濃度を計算する

$$濃度(\%)=\frac{塩 \times 100}{100＋200}=\frac{6\times100}{300}=\frac{600}{300}=\frac{6}{3}=\underline{2\%}$$

その② "水を蒸発させる"場合 → 「分母に－x」
・水は分母にあるので，求める水の量xは分母だけに書く。

●例題2　3%の食塩水600gから100gの水を蒸発させると何%の食塩水になるか。

→**解答**　①塩の量を求める。塩の量＝(%)×(g)＝3×6＝18g
　　　　②次に，濃度を計算する

$$濃度(\%)=\frac{塩 \times 100}{塩 ＋ 水}=\frac{18\times100}{600－100}=\frac{1800}{500}=\frac{18}{5}=\underline{3.6\%}$$

その③ "塩を加える"場合 → 「分母・分子に＋x」
・塩は分母・分子両方にあるので，xは分母・分子それぞれに書く。

●例題3　4%の食塩水500gに50gの塩を加えると何%の食塩水になるか。

→**解答**　①塩の量を求める。塩の量＝(%)×(g)＝4×5(00)＝20g
　　　　②濃度を計算する

$$濃度(\%)=\frac{塩 \times 100}{塩 ＋ 水}=\frac{(20＋50)\times100}{500＋50}=\frac{7000}{550}≒\underline{12.7\%}$$

その **4** "異なる濃度を混ぜる"場合 → それぞれの塩の量を出す
・混ぜる塩の量の合計 ÷ 混ぜ終わった後の食塩水の量

●例題4 10%の食塩水400gに5%の食塩水100gの食塩水を加えると何%の食塩水になるか。

→解答　①塩の量を求める。塩の量＝(%)×(g)＝10×4(00)＝40g，5×1＝5g
　　　　②濃度を計算する。
　　　　　混ぜる塩の量は，40＋5＝45g
　　　　　混ぜ終わった食塩水の量は，400＋100＝500g
　　　　　　45÷500×100＝45÷5＝<u>9</u>%

◎演習問題

1. 4%の食塩水100gがある。塩の量は何gあるか。

A　4g　　　　　B　5g　　　　　C　6g　　　　　D 8g　　　　　E　10g

2. 8%の食塩水400gがある。これから何gの水を蒸発させると10%の食塩水になるか。

A　30g　　　　B　40g　　　　C　50g　　　　D 60g　　　　E　80g

3. 12%の食塩水200gに水を加えて6%にしたい。水を何g加えればいいか。

A　160g　　　B　180g　　　C　200g　　　D　210g　　　E　220g

4. 15%の食塩水200gに塩を加えて20%にしたい。塩を何g加えればいいか。

A　12g　　　　B　12.5g　　　C　13g　　　　D　13.5g　　　E　14g

5. 4%の食塩水300gに2%の食塩水100gを加えると，何%になるか。

A　2%　　　　B　2.5%　　　C　3%　　　　D　3.5%　　　E　4%

6. 6%の食塩水300gに5%の食塩水200gを混ぜると何%の食塩水になるか。

A　4.2%　　　B　4.8%　　　C　5.2%　　　D　5.6%　　　E　5.8%

7. 3%の食塩水が80gある。これに8%の食塩水を混ぜて，7%の食塩水を作りたい。
8%の食塩水を何g混ぜればよいか。

A　300g　　　B　320g　　　C　340g　　　D　360g　　　E　380g

5. 流水算

船の移動と川の流れの2つの動きの関係を
考えて解く問題

川上へ進む船の速さ；静水時の船の速さ－川の流れの速さ

川下へ進む船の速さ；静水時の船の速さ＋川の流れの速さ

川下へ向かう船の速さ

← --- 川の流れの方向　　　船の速さ

川上へ向かう船の速さ

川下　　　　　　　　　　　　　　　　　　　　川上

──→ 静水時の船の速さ　----→ 川の流れの速さ　──→ 船の進む速さ

◎**川の流れの速さ＝(船の下りの速さ－上りの速さ)÷2**

◎**静水時の速さ＝(船の下りの速さ＋上りの速さ)÷2**

異なる速さはつぎの**4つ**だけ!!

1.上りの船の速さ　　2.下りの船の速さ　　3.川の流れの速さ　　4.静水時の船の速さ
◎**2つの速さの関係が表されるときは，連立方程式で出せる。**

●**例題1**　遊覧船が川を上るコースと下るコースを毎日往復している。片道の距離が24kmで，
上りに3時間，下りに2時間かかるとき，川の流れの速さは何km／時になるか。

→**解答**　① 上りの速さを求める　　24÷3＝8[km／時]

② 下りの速さを求める　　24÷2＝12[km／時]

③ 流れの速さを求める　　(下りの速さ－上りの速さ)÷2より，

(12－8)÷2＝2　　　　　　　　　　　　　**答え　2km／時**

●**例題2**　20km離れた船着場と参拝入り口までを定期的に船が往復している。このコースに静水
時の速さが20km／時の船が2隻就航する。船着場と参拝入り口を同時に出発したとき，
2隻の船が出会うまでにかかる時間は何分後か。川の流れの速さは5km／時とする。

→**解答**　20km離れた距離を2地点から2隻の船が近づいてくるので，

上りの船の速さと下りの船の速さがわかれば，公式「時間＝距離÷速さ」で求められる。

①上りの船の速さと下りの船の速さを求める

上りの速さ；静水時の速さ－川の流れ＝20－5＝15[km／時]

下りの速さ；静水時の速さ＋川の流れ＝20＋5＝25[km／時]

②求める時間を計算する

求める時間；「時間＝距離÷速さ」より，

時間＝20÷(15＋25)＝20÷40＝$\frac{2}{4}$＝$\frac{1}{2}$[時間]

60×$\frac{1}{2}$＝30　　　　　　　　　　　　　　**答え　30分**

memo

◎演習問題

1. ある船が川を12km上るのに4時間，下るのに1時間かかった。この川の流れの速さはいくらか。

A　4km／時　　B　4.5km／時　　C　5km／時　　D　5.5km／時　　E　6km／時

2. 流れの速さが4km／時の川があります。この川を静水時では12km／時で進む船が川を下るとき，45分間で何km進むか。

A　8km　　　　B　9km　　　　C　10km　　　　D　11km　　　　E　12km

3. 毎分10mで流れる川を下流から上流へボートで200m上って行くのに8分かかる。この川を上流から下流へ8分こいだとしたら，何m下ることができるか。

A　200m　　　B　240m　　　C　280m　　　D　320m　　　E　360m

4. ある川を20km下るのに2時間かかる船がある。この場合，船の速さを8km／時とすると，川の流れの速さはいくらになるか。

A　1km／時　　B　1.5km／時　　C　2km／時　　D　2.5km／時　　E　3km／時

5. 観光名所に流れる川で下流にある桟橋を出発して，10.8km離れた上流の釣り場に向かい，30分で到着した。この釣り場から桟橋に向かって下るとき，エンジンを止めて川の流れだけで進んだので3時間かかった。この船の静水時の速さは分速何mだったか。

A　340m　　　B　360m　　　C　380m　　　D　400m　　　E　420m
F　440m　　　G　460m　　　H　480m

6. 静水を毎時12kmで進む船が，ある川を上流へ向かって27km上るのに3時間かかった。この船が静水での速さを2倍にして同じ地点間を下るとどれだけの時間でいけるか。

A　1時間　　　B　1.5時間　　　C　2時間　　　D　2.5時間　　　E　3時間

6. 植木算

> これが重要!

図形によって等間隔で区切りをつける場合の
考え方を問う単元
直線状に植える場合；木の数＝間隔＋1
周囲に植える場合；木の数＝間隔
角に必ず植える場合；縦, 横の最大公約数

◎少ない数の木でも図で示すと, 本数と間隔の関係が分かりやすい。

◎直線上の場合, 木の数は間隔より1本多くなる。

◎囲う場合, 最初と最後が同じ木になるので間隔の数は木の数と同じである。

◎角を植えてなるべく少なく植える場合, 最大公約数が間隔になる。

●例題1 町内に直線で800mの並木がある。 この道の片側に桜を植えて春を楽しもうと提案し, 道沿いに木を植えようと思う。 木と木の間を20mにするとき, 桜の木は何本必要か。

→解答　片側の直線距離800mに何本桜を植えられるかを計算するので,

① 全体の距離を間隔で割る　800÷20＝40[本]

② 直線なので最初の1本を加える　40＋1＝41[本]

答え 41本

1本目　2本目　3本目　4本目 ‥‥‥

|←――――――――――800m――――――――――→|

① ② ③

20m 20m 20m

●例題2 図のような土地に杭を打ちたい。どの角も必ず杭を打つとして, 等間隔で打つ場合, 最低何本杭が必要か。

→解答　①角に杭を打つために各辺の長さの最大公約数を求め,

すべての辺を最大公約数で割る。

②割ったあとすべての数を加えて合計を出す。

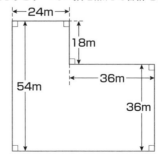

→**解答**　① 各辺の公約数を求める

各辺の長さ：24, 18, 36, 60, 54

最大公約数（上の数すべてを割れる一番大きな数）を求める。

18の約数＝1, 2, 3, ⑥, 9, 18

24の約数＝1, 2, 3, 4, ⑥, 8, 12, 24

36の約数＝1, 2, 3, 4, ⑥, 9, 12, 18, 36

54の約数＝1, 2, 3, ⑥, 9, 18, 27, 54

60の約数＝1, 2, 3, 4, 5, ⑥, 10, 12, 15, 20, 30, 60

上のようにすべての数の約数で一番大きな数は6である。

② 各辺を公約数で割る

各辺を6で割る　$18÷6＝3$，$24÷6＝4$，$36÷6＝6$（2か所で12），$54÷6＝9$，$60÷6＝10$

③ 割られた数を合計する

杭の合計は，$3＋4＋6＋6＋9＋10＝38$

答え　38本

◎**演習問題**

1. 360mの道の片側に桜の木を植えようと思う。

①間隔を20mにして植えていく場合，桜の木は何本必要か。

A　16本　　　　B　17本　　　　C　18本　　　　D　19本　　　　E　20本

②この道の反対側に44本の桜を植えたい。道の両側には植えないでくいを打つとすると桜の間隔はいくらにすればいいか。

A　6m　　　　B　8m　　　　C　9m　　　　D　10m　　　　E　12m

2. 縦56m，横84mの長方形の敷地の周りに，杭を打つことにした。杭と杭の間隔を等しくし，その広さを5mから10mと決め，4隅にも必ず打つことにする。必要な杭の数はいくつか。

A　40本　　　　B　42本　　　　C　43本　　　　D　44本　　　　E　45本

3. 長方形の牧場がある。この牧場の4隅に必ずくいを立て，牧場の周囲に1mおきに立てていったところ，全部でくいが760本必要だった。くいは，縦の1辺に使った本数より横の1辺に使った本数の方が240本多くなっている。この牧場の面積は何aあるか。

A　178a　　　　B　187a　　　　C　194a　　　　D　208a　　　　E　217a

4. ある池の周りを分速200mで走ると14分かかる。この池に40mごとに電灯を立てようと思い85本用意した。電灯は何本余るかまたは足りないか。

A　10本余る　　　　　　B　15本余る　　　　　　C　ちょうど足りた
D　10本不足する　　　　E　15本不足した

memo

7. 虫食い算

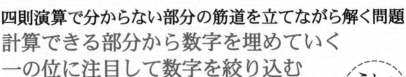

四則演算で分からない部分の筋道を立てながら解く問題
計算できる部分から数字を埋めていく
一の位に注目して数字を絞り込む
わり算は逆から解くので難しい

これが重要!

◎虫食い部分にアルファベットを付けると判断しやすくなる。

◎必ず答えが出る数式があるので解けるところから計算する。

◎割り算は,「一番前の数字」か「答えの最後」から見ていく。

●例題　次の計算が成り立つとき，ア＋イはいくらになるか。

```
      5□5
  ×  3□ア
      □□0
    1□50
  □□7□
  1イ8□00
```

A. 0　　　B. 1　　　C. 2
D. 3　　　E. 4　　　F. 5
G. 6　　　H. 7

→**解答**　① 空所にアルファベットを入れて考えやすい状態にする

```
      5 a 5
  ×  3 b ア
      c d 0
    1 e 5 0
    f g 7 h
  1 イ 8 i 0 0
```

② 全体を見回して，式の特徴を読む。

5a5×ア＝cd0　という3桁の数になっている。ここからアは，小さい数だと予測できる。

③ 計算できる数字の組み合わせを選び出す。　まず，ア×5＝0より，アは偶数か0である。

④ ②と③より，アは「0」だとわかる。　従って，c，dも「0」になる。

⑤ b×5＝50より，bは偶数か0。

⑥ h＝3×5＝15より，hは「5」。1繰り上がっているので7−1＝6　3×a＝g6より，aは「2」。
　 fg7h＝525×3なので，1575＝fg7h　　fは「1」，gは「5」

⑦ イ＝1＋g＝1＋5＝6

⑧ 求める答えは，ア＋イなので，0＋6＝6・・・G　　　　　　　　　　　　答え　G

　 また，iは「0」

　 eは5＋hの1が繰り上がっているので，すでに1がある。　e＋7＝8なので，e＝1である。

　 ここで繰り上がりがあるので，eは「0」になる。

　 525×b＝1050より，b＝1050÷525＝「2」

◎演習問題

1. 次の計算が成り立つとき，アを求めなさい。

```
   1 2 7 □
 −   4 □ 4
 ─────────
   ア 8 5
```

A 5 　　 B 6 　　 C 7
D 8 　　 E 9

2. 次の計算でア＋イを求めよ。

```
   ア 4 8 0 □
 − 2 イ □ □ 5
 ───────────
   2 5 7 4 8
```

A 14 　　 B 15 　　 C 16
D 17 　　 E 18

3. 次の計算でア÷イを求めなさい。

```
     □ 3 イ
 ×     2 8
 ─────────
   □ 4 □ 6
   8 ア 4
 ─────────
 1 2 0 0 6
```

A 1 　　 B 2 　　 C 3
D 4 　　 E 5

4. 次の計算でaと同じ数がくるのはどれか。

```
         ア イ
 a 7 ) 5 8 2 9
     ウ エ 6
 ─────────
     □ オ □
       4 6 □
 ─────────
         0
```

A ア 　　 B イ 　　 C ウ
D エ 　　 E オ

5. 次の計算が成り立つとき，アーイを求めなさい。

```
     □ 1 □
 ×   3 ア 6
 ─────────
   5 □ 6 □
   4 □ 5 □
 □ 7 □ 3
 ─────────
 □ イ □ □ 1 6
```

A 0 　　 B 1 　　 C 2
D 3 　　 E 4

6. 次の割り算の空所のところにすべて数字を入れて完成させた場合，一番多く出てくる数字は何ですか。

```
         □ □
 2 8 ) 1 □ □ 4
     □ 4
 ─────────
     □ □ 4
     □ □ 4
 ─────────
         0
```

A 0 　　 B 1 　　 C 2
D 3 　　 E 4 　　 F 5
G 6 　　 H 7

8. 場合の数・組み合わせ

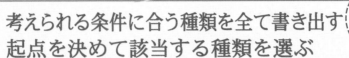

考えられる条件に合う種類を全て書き出す
起点を決めて該当する種類を選ぶ

これが重要!

◎色・数字・果物などいくつかの種類があるが，考え方は同じ。

◎1つ抜き出し，その組み合わせを全て選び出す。

＊書き出すときに1つでももれると答えは合わないので注意!

●例題1 青・赤・白の色紙が1枚ずつあります。これらを順に選べるとき，何通りの並べ方がありますか?

→**解答**　青を取った場合，

青－赤－白

青－白－赤　の2種類できる。

これが3色について考えられるので，2×3＝<u>6通り</u>

但し，(青，赤)は(赤，青)は異なる組み合わせなのでそのまま使ってよい。

●例題2 ここに2，3，4，5と書かれたカードが1枚ずつあります。ここから3枚使って3桁の数字を作りたい。何通りの数字ができるでしょうか。

→**解答**　最初はどの4枚からでも1つとれる，次は残りの3つから1つを選ぶ，3枚目は残り2枚から1枚を選ぶ。

これを式で表すと，4×3×2＝<u>24通り</u>

→**別解**　234，235，245，243，254，253・・・2が先頭のとき

6種類できる。先頭にくる数字は4種類あるので，6×4＝<u>24通り</u>

◎演習問題

1.　1・2・4・6のカードで2桁の数は何通りできるか。

A　4通り　　　B　6通り　　　C　8通り　　　D　10通り　　　E　12通り

2.　0・2・4のカードで3桁の数は何通りできるか。

A　4通り　　　B　6通り　　　C　8通り　　　D　10通り　　　E　12通り

3.　0・1・2・3・4の5枚のカードで3桁の数を作るとき，320は小さいほうから何番目か。

A　29番目　　　B　30番目　　　C　31番目　　　D　32番目　　　E　33番目

4.　リレーでA・B・C・Dの4人が走る順番は何通りあるか。

A　16通り　　　B　18通り　　　C　20通り　　　D　24通り　　　E　32通り

5. 10円玉4枚に50円玉，100円玉を組みあわせて590円にするには何通りあるか。

   A　4通り　　　B　5通り　　　C　6通り　　　D　7通り　　　E　8通り

6. 自動販売機で缶ジュースを買いにきました。 そこには，グレープフルーツ，オレンジ，アップル，ブドウ，マスカット，マンゴーの6種類の飲み物がある。

①哲也君はこの中から2種類を選ぶ。何通りの選び方があるか。

   A　10通り　　B　15通り　　C　20通り　　D　25通り　　E　30通り

②ゆうさんは，この中の3種類を買おうと思っています。飲み物の選び方は何通りあるか。

   A　10通り　　B　15通り　　C　20通り　　D　25通り　　E　30通り

7. 1，3，5，7の4枚のカードを1度だけ使って4桁の整数を作るとき，5の倍数は全部で何通りあるか。

   A　2通り　　　　B　4通り　　　C　5通り　　　D　6通り　　　E　7通り

8. 男子10人，女子5人のサークルがある。

①このサークルの女子の中から3人選ぶ方法は何種類あるか。

   A　10通り　　B　12通り　　C　15通り　　D　18通り　　E　20通り

②男子10人の中から3人を選ぶ方法は何通りあるか。

   A　110通り　　B　120通り　　C　130通り　　D　140通り　　E　150通り

③男子3人，女子2人の役員を選ぶとき，その選び方は何通りあるか。

   A　200通り　　B　300通り　　C　500通り　　D　800通り　　E　1200通り

9. 左の図のA，B，C，D，Eは円周上の点です。 この5つの点のうち，3つを頂点とする三角形を作ると，三角形は何通りできるか。

   A　10通り　　　B　12通り　　　C　14通り　　　D　16通り

   E　18通り

10. 左の図のような旗を，赤，緑，黄の3色をすべて使って塗り分ける（隣り合った部分は同じ色に塗らないようにする）。 一番外側に赤を塗るとすると，色の塗り方は何通りあるか。

   A　1通り　　　　B　2通り　　　C　3通り　　　　D　4通り

   E　5通り　　　　F　6通り　　　G　7通り　　　　H　8通り

9. 確率

サイコロ・カード・くじなどで,
あてはまる条件になる割合を求める。

$$\frac{\text{条件にあてはまる数}}{\text{全体の数}}$$

●例題1 勇気さんと元気さんがじゃんけんをします。勇気さんがグーで勝つ確率はいくらですか。

→解答 じゃんけんは, グー・チョキ・パーの3種類。それを2人が出せるので全部で, 3×3＝9通り。勇気さんがグーで勝つ方法は, 元気さんがチョキを出すときだけなので, 1種類しかない。

よって, 勇気さんがグーで勝つ確率は, $\frac{1}{9}$

●例題2 10から15までの整数が書かれたカードが1枚ずつある。これをよく混ぜてカードを2枚抜き取る。2枚のカードの内,一方が5の倍数である確率を求めなさい。

→解答 全抜出し数は, 1枚目が6通り, 2枚目は5通り。抜き取ったカードが重なる場合を除くと, 6×5÷2＝15通り。

両方とも5の倍数でない組み合わせは, (11, 12) (11, 13) (11, 14) (12, 13) (12, 14) (13, 14) の6通りなので, 少なくとも5の倍数が出る種類は, 15−6＝9通り。

求める確率＝$\frac{9}{15}$＝$\frac{3}{5}$

◎演習問題

1. サイコロを1つ投げて3が出る確率は何か。

A $\frac{1}{2}$　　　B $\frac{1}{3}$　　　C $\frac{1}{4}$　　　D $\frac{1}{5}$　　　E $\frac{1}{6}$

2. 1から9までの数字が書かれたカードがある。これをよくきって1枚取る時, 偶数になる確率はいくらか。

A $\frac{2}{9}$　　　B $\frac{4}{9}$　　　C $\frac{5}{9}$　　　D $\frac{7}{9}$　　　E $\frac{8}{9}$

3. 白球8個, 赤球10個, 青球7個入った袋がある。ここから球を取り出したとき白球が出る確率は何か。

A $\frac{2}{5}$　　　B $\frac{4}{15}$　　　C $\frac{8}{15}$　　　D $\frac{8}{18}$　　　E $\frac{8}{25}$

4. 2つのサイコロを投げる時,目の積が6になる確率は何か。

A $\frac{1}{36}$ 　　　 B $\frac{1}{18}$ 　　　 C $\frac{1}{9}$ 　　　 D $\frac{1}{6}$ 　　　 E $\frac{1}{3}$

5. 1・1・2・3・4と数字を記したカードが5枚ある。これから3枚とってならべ,3桁の
整数を作るとき,次の問いに答えよ。

①異なる整数は全部で何通りできるか。

　A　21通り　　B　24通り　　C　28通り　　D　31通り　　E　33通り

②312以上の整数ができる確率を求めよ。

A $\frac{2}{3}$ 　　　 B $\frac{5}{6}$ 　　　 C $\frac{1}{3}$ 　　　 D $\frac{7}{11}$ 　　　 E $\frac{11}{30}$

6. 5枚の硬貨を同時に投げるとき,表の出る硬貨の枚数が,偶数となる確率を求めよ。

A $\frac{1}{2}$ 　　　 B $\frac{1}{3}$ 　　　 C $\frac{2}{3}$ 　　　 D $\frac{1}{4}$ 　　　 E $\frac{3}{4}$

F $\frac{1}{5}$ 　　　 G $\frac{2}{5}$ 　　　 H $\frac{3}{5}$

7. 下の図のような正八面体があり,6つの頂点に1, 2, 3, 4, 5, 6の番号がつけてある。

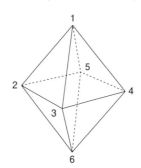

①サイコロを2回投げて,出た目の数に対応する2つの頂点を結ぶとき,それが
正八面体の1辺になる確率を求めなさい。

A $\frac{1}{2}$ 　　　 B $\frac{1}{3}$ 　　　 C $\frac{2}{3}$ 　　　 D $\frac{1}{4}$ 　　　 E $\frac{3}{4}$

②サイコロを3回投げて,出た目の数に対応する3つの頂点を結ぶとき,三角形
ができない確率を求めなさい。

A $\frac{1}{9}$ 　　　 B $\frac{3}{9}$ 　　　 C $\frac{3}{8}$ 　　　 D $\frac{4}{9}$ 　　　 E $\frac{5}{9}$

③サイコロを3回投げて,出た目の数に対応する3つの頂点を結ぶとき,直角三
角形ができる確率を求めなさい。

A $\frac{1}{2}$ 　　　 B $\frac{1}{3}$ 　　　 C $\frac{1}{6}$ 　　　 D $\frac{1}{18}$ 　　　 E $\frac{1}{24}$

10. 推論

与えられた条件の中から確実に言える答えを導き出す問題

これが重要!

条件を正確に図・表・式に書き替える
確実に言えることだけを取り上げる
不明な条件は最後に当てはめる

◎図表に書き替えて，視覚的に捉えて順位を見やすくすると考えやすい。

◎確実な条件から範囲を筋道立てて並べる。

◎はっきり言えないもの，矛盾するものは省く。

●例題1　4つの数，A,B,C,Dについて，次の条件が成り立っている。

①Dは一番小さい数ではない　　　　②CはA以下ではない

③BよりCのほうが大きい　　　　　④DはAより小さい

このとき，A，B，C，Dを小さい順に並べよ。

→解答　順に与えられた条件を書きこんでいく。一番大きいものを1，小さいものを4とする。

```
          1    2    3    4
①………  D    D    D    ×
②………  C ＞A
③………  C ＞B
④………  A ＞D
```

これにより，Dが1か2であれば，A，Cが決まらないので，D＝3と解る。

C＞A＞Dより，順に1＝C，2＝A，3＝Dとなる。

BはCより小さいとしか書かれていないので，Bは4でも当てはまる。

よって，1―C　2―A　3―D　4―B　となる。　　　　　　答え　BDAC

◎演習問題

1. a, b, c, dの4つのコンビニがある。まさみさんの家から4つのコンビニまでの距離を調べたら次のことが分かった。bはaより遠くにあり，cはbより近く，aはcより遠くにあった。またdはaの次に近くにあった。一番遠いコンビニはどれか。

A　a　　　　　B　b　　　　　C　c　　　　　D　d

2. S君，T君，U君の3人で200m走の競争をする。これをX君とY君が予測した。

X君「1位はU君で，2位はT君だと思う」，Y君「1位はS君だと思う」

このときX君の予測がはずれ，Y君の予測が当たった場合，次のうち言えることはどれか。

A　S君は3位である　　　B　T君が1位である　　　C　U君は1位である

D　U君は2位である　　　E　T君は2位である

3. S・T・U・V・Wの5つの文字がある。これらはある数字を表す。そのうち4つの数は，11，110，121，130だと分かっている。5つの数で一番大きい数は130。それぞれの数の関係はつぎのようになる。

  T×T＝U   S−V＝T   U−T＝W

①一番大きい数はどれですか。

  A S   B T   C U   D V   E W

②これら5つの数の平均はいくらになるか。

  A 98.0   B 98.2   C 98.4   D 98.6   E 98.8

4. 春恵さん，夏男君，秋子さん，冬彦君の4人は色ペンを1本ずつもっている。色ペンの色は，赤色，青色，黄色，緑色。4人は次のように言っている。

春恵「私は赤ペンを持っています」
夏男「僕は青ペンを持っています」
秋子「私は黄色のペンを持っています」
冬彦「僕は黄色ではありません」

このとき，春恵さんが嘘をついているとすると，緑ペンを持っている人は誰か。

  A 春恵さん   B 夏男君   C 秋子さん   D 冬彦君

5. 長さの違うア・イ・ウ・エ・オの5本のテープがある。アはイより長くウより短い。オはアとイの長さの和に等しく，ウとエの長さの和にも等しい。このとき，エの長さは長いほうから何番目か。

  A 1番目   B 2番目   C 3番目   D 4番目   E 5番目

6. 山本君，川田君，海本君，町田君の4人が相撲をした。4人とも他の3人と1回ずつ当たったが，2回した人もいる。結果は，山本君は1勝2敗，川田君は3勝0敗，海本君は0勝4敗だった。このとき，町田君は何勝何敗か。

  A 1勝3敗   B 2勝1敗   C 2勝2敗   D 3勝1敗   E 4勝0敗

7. V，W，X，Y，Zの5チームが，それぞれ他のチームと1回ずつ試合をするリーグ戦を行った。結果は，VはWとXに勝った。またVとW，XとYの勝ち数は同じで，この4チームの勝ち数の合計は10であった。このとき，Yはどのチームに勝ったか。

  A VとX   B VとZ   C XとZ   D WとX   E WとZ

11. 集　合

> これが**重要!**
>
> いくつかの分類に分けられた項目を使って，条件に合う要素を求める。
> 資料や条件が複数あっても使うのは重なる所だけ
> ベン図やカルノー表，数直線で示すと考えやすい

◎一度に使う条件は2つだけでよい。

◎答えは必ず数字で表すので，数字を円の大きさや直線の長さなどに置き換えれば判断しやすい。

・・・

ベン図の書き方

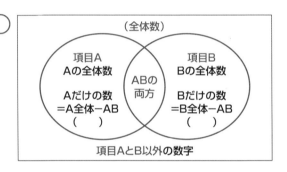

・全体は四角で書き，全体数を上に書きとめる。

・要素を丸で表し，上に該当する項目とその下に全体数。

・更にその部分だけあてはまる数字を下の（　　　）内に書き足す。

・どの円にもあてはまらない数を下に書きとめておく。

・・・

カルノー表の書き方

	項目A	項目A	合　計
項目ア		4	
項目イ		②11	18
合　計	23	①15	38

・必要な変数の数にしたがって行と列をつくる。

・分かっている数を記入する。

・順に計算ができるところからうめていくと，全て当てはまるようになる。

・この場合は①→②の順に求める。

●例題　ある高校の3年生で，IT機器所有状況について100人にアンケートを取った。
集計結果は次のようになった。

	持っている	持っていない
パソコン	74	26
携帯電話	86	14
デジカメ	48	52
プリンター	37	63

◎問1　デジカメとプリンターの両方とも持っていないと答えた人が36人いた。
デジカメとプリンターの両方を持っている人は何人いるか。

→解答1　数直線で考えた場合…対象はデジカメとプリンターなのでその数字だけで考える。

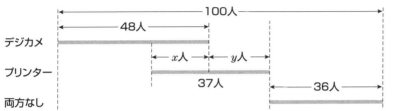

デジカメを持っている人が48人，両方とも持っていない人が36人なので，
合計は，48＋36＝84　よって，$y＝100－84＝16$ ············· y
求めるx人は，$37－16＝21$ ·················· x

答え 21人

◎問2　携帯電話は持っているがパソコンは持っていない人が16人いる場合，両
方持っていない人は何人いるか。

→解答2　ベン図で考えた場合

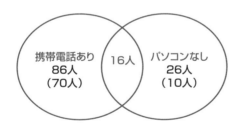

携帯電話を持っている人とパソコンを持っていない人の2つを比べる問題なので
その2つについてベン図に示せばよい。
2つの条件で重なる部分が「携帯電話を持ってパソコンを持っていない人」となり，
それが16人と分かる。「パソコンなし」の26人から16人を引いた数が「携帯電話なし
でパソコンなし」の「両方持っていない人」の数になる。
よって，答えは，$26－16＝10$人

答え 10人

◎演習問題

1.　ある高校生のクラス49人の中で，弟がいる人は27人，弟と妹がいる人が5人，
両方ともいない人が9人だった。　弟がいないで妹だけがいる人は何人か。

A　8人　　　　B　13人　　　　C　15人　　　　D　18人　　　　E　23人

2. ある学年で好きなスポーツについて調査をした。 野球が好きと答えた人は全体の50%, 陸上競技が好きと答えた人は全体の48%だった。 また, 両方好きと答えたのが23人, 両方好きではないと答えたのが28人だった。 このとき, この学年の総数は何人か。

A　220人　　　B　230人　　　C　240人　　　D　250人　　　E　260人

3. あるクラスの30人の生徒に数学の問題を行った。配点は, 問1が1点, 問2が2点, 問3が3点であった。 この3問の問題で1問だけ正解した人は10人だった。 問2を正解した人は何人か。

得点	1	2	3	4	5	6
人数	3	4	9	6	5	3

A　10人　　　B　12人　　　C　14人　　　D　16人　　　E　18人

4. あるCD店でニューリリースのCDアルバムをS, T, Uの3種類用意した。 宣伝を出したところ, 全部で540人から注文を受けた。 SまたはTを注文した人は420人, TまたはUを注文した人は400人, SまたはUを注文した人は480人であり, TとUの両方注文した人は120人, Sを注文した人は全体で340人であった。 このCD3枚とも注文した人は何人か。

A　80人　　　B　100人　　　C　120人　　　D　140人　　　E　160人

5. ある語学研修に参加した人の内訳を分析してみた。 男性と女性の比は5：3であり, 大人と子供の人数の比は4：1であった。 女性の中で, 大人とこどもの比は11：4であり, その子供の人数は24人だった。男性の中の大人は何人か。

A　122人　　　B　124人　　　C　126人　　　D　128人　　　E　130人

6. 下の表はあるクラス30人に漢字のテストを行った結果のものである。 問題はL, M, Nの3問で, Lは2点, Mは3点, Nは5点である。 問題Nを解いた人が25人いる時, 問題Lを解いた人は何人いるか。

点数	10	8	7	5	3	2	0
人数	3	8	12	3	2	1	1

A　14人　　　B　15人　　　C　16人　　　D　17人　　　E　18人

12. 年齢算

> **これが重要!**
>
> 変わる年齢条件に適応させて変化を捉える問題
> ・登場人物は同じだけ歳を重ねる
> ・2つの条件の方程式を立てる
> ・計算をする前に左右の式を約分
> ・x 年後が（＋）なら，（－）は x 年前

●**例題1** 今年，姉は6歳で妹は1歳である。姉の年齢が妹の年齢の2倍になるのは何年後か。

A. 1年後　　　B. 2年後　　　C. 3年後　　　D. 4年後　　　E. 5年後

●**例題2** 今年，私の父は50歳，母は44歳です。3人の子供の年齢は，私が17歳，弟が15歳，妹が11歳です。父と母の年齢の和が子供たちの年齢の和の3倍だったときはいつだったか？

A. 2年前　　　B. 3年前　　　C. 4年前　　　D. 5年前　　　E. 6年前

→例題1解答　D

姉が妹の年齢の2倍になるときをx年後とする。

姉の年齢は，今年の6歳にx歳を加えることになるので，$6+x$（歳）

妹の年齢も同様に考えると，1歳$+x$（歳）

姉の年齢が妹の年齢の2倍になるので，「姉の年齢＝妹の年齢×2」

$6+x=2(1+x)$

$6+x=2+2x$

$6-2=2x-x$

$\quad 4=x$　　　答えが（＋）なので「～年後」になる

答え　D

→例題2解答　D

父と母の年齢の和が子供たちの年齢の和の3倍だったときをx年前とすると，

父の年齢は$50-x$（歳），母の年齢は$44-x$（歳），

3人の子供たちの年齢の合計は，

$(17-x)+(15-x)+(11-x)$

$=43-3x$（歳）

よって，$(50-x)+(44-x)=3(43-3x)$

$94-2x=129-9x$

$7x=35$

$x=5$（年前）

答え　D

◎演習問題

1. 父は49歳です。これは娘の年齢の3倍より1歳多い年齢です。現在，娘は何歳ですか。

A　12歳　　　　B　13歳　　　　C　14歳　　　　D　15歳　　　　E　16歳

2. 母は現在52歳である。今から5年後に息子の年齢の3倍になるという。現在の息子の年齢は何歳か。

A　11歳　　　　B　12歳　　　　C　13歳　　　　D　14歳　　　　E　15歳

3. 父の年齢は41歳，これは子供の年齢の4倍より3歳少ない。子供の年齢は何歳か。

A　11歳　　　　B　12歳　　　　C　13歳　　　　D　14歳　　　　E　15歳

4. 現在，父の年齢は子供の年齢の9倍である。12年後には父の年齢は子供の年齢の3倍になる。現在の父の年齢は何歳か。

A　34歳　　　　B　35歳　　　　C　36歳　　　　D　37歳　　　　E　38歳

5. 現在，父は50歳，母は48歳で，2人の子供の年齢は19歳と14歳である。父母の年齢の和が子供たちの年齢の和の2倍になるのは何年後か。

A　12年後　　　B　14年後　　　C　16年後　　　D　18年後　　　E　20年後

6. 現在，母と子供の年齢の和は68歳です。10年前は母の年齢は子供の年齢の3倍でした。現在の子供の年齢は何歳ですか。

A　21歳　　　　B　22歳　　　　C　23歳　　　　D　24歳　　　　E　25歳

7. ある家族4人の年齢の和は現在72歳である。父は母より5歳年上で，父と長女の年齢の和は母と次女の年齢の和より8歳多い。5年前は家族全員の和は54歳であった。現在の母の年齢は何歳か。

A　29歳　　　　B　30歳　　　　C　31歳　　　　D　32歳　　　　E　33歳

8. 今から2年前に母の年齢は息子の年齢の5倍でしたが，今から6年後には母の年齢は息子の年齢の3倍になります。現在，母の年齢は何歳ですか？

A　38歳　　　　B　39歳　　　　C　40歳　　　　D　41歳　　　　E　42歳

9. 現在，父は52歳，母は44歳です。3人の子供たちの年齢は16歳，11歳，9歳です。父母の年齢の和が3人の子供の年齢の和の2倍になるのは今から何年後ですか。

A　4年後　　　　B　5年後　　　　C　6年後　　　　D　7年後　　　　E　8年後

memo

13. グラフの領域

これが
重要!

グラフが直線の場合

① $y = ax + b$　　(a;傾き，b;切片)

◎傾き(a)は，x軸と直線で作る角度(変化の割合ともいう)

② $a > 0$ならば右上がり，$a < 0$ならば右下がり

◎bから求め，そこを基点に「縦／横」でaが決まる。

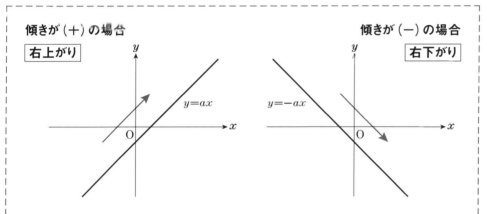

傾きが(＋)の場合　　　　　　　　　　傾きが(−)の場合

右上がり　　　　　　　　　　　　　　右下がり

$y = ax$　　　　　$y = -ax$

◎切片(b)とは，直線がy軸を通るところ。

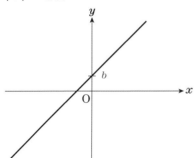

bが(＋)の場合

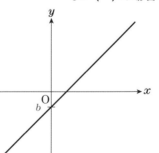

bが(−)の場合

曲線（放物線）の場合

$$y = ax^2 \qquad (a ; 傾き)$$

$a > 0$ならば上に広がり，$a < 0$ならば下に広がる

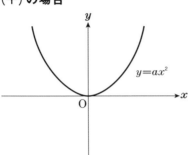

aが（＋）の場合

$y = ax^2$

aが（−）の場合

$y = -ax^2$

◎グラフを表す式は3つある。

正比例；$y = ax + b$

反比例；$y = \dfrac{a}{x}$

二次関数 $y = ax^2$ などがある。

◎細かい数字や位置は気にしない。グラフの向き，形が分かればよい。

・直線の傾き，y軸を通る値を間違えないように！

・与えられた範囲に印をつけて解答エリアを塗り分け，判断しやすくしよう。

◎必ず不等号が入っているので範囲の特定を正確に選び出すこと。

◎演習問題

1. 次の2つの式で示される直線とx軸，y軸によって10のエリアに分かれる。

①このとき，直線@の式を選びなさい。

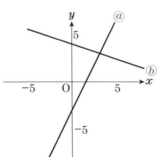

A $y = x + 3$ 　　 B $y = -x + 3$ 　　 C $y = 2x + 3$ 　　 D $y = -2x - 3$

E $y = 2x - 3$

memo

②2つの範囲が次の式で表される場合，どのエリアが当てはまりますか。

Ⅰ　$y > 2x - 3$

Ⅱ　$y < -\dfrac{1}{3}x + 4$

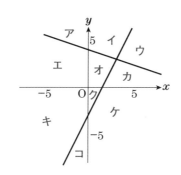

A　ア・イ・ウ　　B　エ・オ・カ　　C　キ・ク・ケ　　D　エ・オ・ク　　E　カ・ケ・コ

2.　次の3つの式によって示される放物線と直線によって次の12のエリアに分けた。

Ⅰ　$y = 2x + 1$
Ⅱ　$y = x^2 - 3$
Ⅲ　$x = 0$

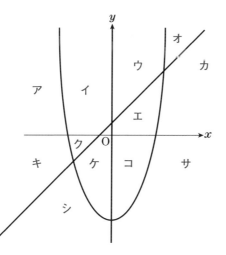

①次の不等式で表される領域にあてはまるエリアにあるのはどれか。

　　　$y > 2x + 1$
　　　$y < x^2 - 3$

A　ア・キ・シ　　B　オ・カ・サ　　C　ア・イ・ウ　　D　ア・オ・キ　　E　エ・ケ・コ

②①のエリアにⅢを$x < 0$として重ねると，該当範囲はどうなるか

A　アだけになる　　　　B　キだけになる　　　　C　シが加わる

D　クが加わる　　　　E　オがなくなる

③クが領域になる場合，Ⅰ，Ⅱ，Ⅲの3つの式を不等号に変えるとき（＜）の向きになる式はどれか。

A　Ⅰだけ　　　B　Ⅱだけ　　　C　Ⅲだけ　　　D　ⅠⅡⅢのすべて

E　該当なし

SPI
言語
Language field
分野

1. 同意語・反意語

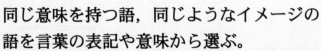

> これが重要!
>
> 同じ意味を持つ語，同じようなイメージの
> 語を言葉の表記や意味から選ぶ。
> 漢字ごとに同じ(反対)意味の語を選ぶ
> 熟語として同じ(反対)意味の語を選ぶ

◎漢字が同じもの，熟語で同じ意味になるものを判断の拠り所として判断する。

◎紛らわしい語は正しく意味を調べておく。

◎必ず紛らわしい意味の語はあると思っていい。

◎判断が難しいときは，簡単な例文にあてはめて意味を判断する。

・同意語・反意語などいくつかのジャンルがランダムに配列されて，どれについて解くかを自分で判断しながら答えを進める問題形式が主流。

・社会,理科的な関係の問題も出てきているので基礎項目は再確認を。

●例題1「外見」の同意語を選びなさい。

A. 体裁　　　B. 形式　　　C. 外観　　　D. 景色　　　E. 景観

→**解答**　C; 外見「外部から見たところ」，同じ意味の語句は「外観」。
　　　　　　体裁「相手の気に入りそうな表面だけのこと」，景観「眺めやその美しさ」。

●例題2「勝者」の反意語を選びなさい。

A. 覇者　　　B. 逃走　　　C. 奴隷　　　D. 敗者　　　E. 王者

→**解答**　D; 勝者「勝った人，勝利者」，反意語は「敗者」，負けた人。
　　　　　　覇者「天下を治めた人」。

◎演習問題

1.　同じような意味の語句を選びなさい。

①才能；A　資格　　　B　才覚　　　C　天才　　　D　非凡　　　E　天性

②進歩；A　上昇　　　B　向上　　　C　変化　　　D　交代　　　E　維持

③貢献；A　寄付　　　B　協力　　　C　従順　　　D　寄与　　　E　使命

2.　次の事柄の反対の意味の語を選びなさい。

①生産；A　労働　　　B　資源　　　C　消費　　　D　貯蓄　　　E　破壊

②慎重；A　計画　　　B　愚鈍　　　C　軽率　　　D　漂泊　　　E　彷徨

③栄転；A　昇進　　　B　転勤　　　C　出世　　　D　左遷　　　E　退職

memo

3. 次の語句の関係になる組み合わせはどれかを選びなさい。

①拡大－縮小　　ア　増加－減少　　イ　平等－差別　　ウ　格別－特別
　A　アだけ　　　B　イだけ　　　C　ウだけ　　　D　アとイ
　E　アとウ　　　F　イとウ　　　G　すべて同じ　　H　すべて異なる

②不意－突然　　ア　使命－任務　　イ　単純－複雑　　ウ　入念－丹念
　A　アだけ　　　B　イだけ　　　C　ウだけ　　　D　アとイ
　E　アとウ　　　F　イとウ　　　G　すべて同じ　　H　すべて異なる

③決心－覚悟　　ア　了解－納得　　イ　大胆－小心　　ウ　保守－革新
　A　アだけ　　　B　イだけ　　　C　ウだけ　　　D　アとイ
　E　アとウ　　　F　イとウ　　　G　すべて同じ　　H　すべて異なる

④単純－複雑　　ア　求心－遠心　　イ　可決－否決　　ウ　債権－債務
　A　アだけ　　　B　イだけ　　　C　ウだけ　　　D　アとイ
　E　アとウ　　　F　イとウ　　　G　すべて同じ　　H　すべて異なる

⑤現実－理想　　ア　租税－税金　　イ　我慢－辛抱　　ウ　友好－敵対
　A　アだけ　　　B　イだけ　　　C　ウだけ　　　D　アとイ
　E　アとウ　　　F　イとウ　　　G　すべて同じ　　H　すべて異なる

⑥過去－往時　　ア　需要－供給　　イ　建設－破壊　　ウ　義務－権利
　A　アだけ　　　B　イだけ　　　C　ウだけ　　　D　アとイ
　E　アとウ　　　F　イとウ　　　G　すべて同じ　　H　すべて異なる

⑦愛する－憎む　ア　与える－奪う　イ　侮る－敬う　　ウ　受ける－授ける
　A　アだけ　　　B　イだけ　　　C　ウだけ　　　D　アとイ
　E　アとウ　　　F　イとウ　　　G　すべて同じ　　H　すべて異なる

⑧貸－借　　　　ア　準備－用意　　イ　技量－手腕　　ウ　創造－模倣
　A　アだけ　　　B　イだけ　　　C　ウだけ　　　D　アとイ
　E　アとウ　　　F　イとウ　　　G　すべて同じ　　H　すべて異なる

2. 二語の関係

2つの語で，要素と所属の関係，
一部と全体の関係などを表す語を選ぶ。
含む語と含まれる関係の語，用途・原料と製品，
人と職業など
例であげられた関係をすばやく判断する
例の順番に従った答え方をする

◎例題の2つの語の例からすばやく関係を判断する。
◎社会，理科などの範囲からも出題されるので基礎知識は幅広く。
◎どちらが要素で，どちらが包含を表す語か，など位置を正確に判断すること。

・同意語・反意語など，いくつかのジャンルがランダムに配列されて，どう解くかを自分で判断しながら答えを進める問題形式が主流。
・語彙の範囲が拡大されて，社会，理科的な問題も出てきている。

●例題 「しょうゆー調味料」と同じ関係のものを選びなさい。
プリンター－（　　　　）
A. 印刷機　　B. パソコン　C. 事務機　　D. コピー　　E. 電気店

→**解答**　C: しょうゆと調味料の関係は，しょうゆは調味料の中の1つという関係で，後ろの語句の中に前の語句が含まれる。プリンターは何の1つかを考える。事務機の1つである。

◎演習問題
1.　次の例の語句と同じ関係になるように，**A～E**の中から選びなさい。
①サッカーースポーツ
　宅配便 －（　　　）
　A　郵便　　　B　集荷　　　C　商品　　　D　トラック　　　E　運輸

②ノート－記録
　たんす －（　　　）
　A　家具　　　B　衣服　　　C　調度品　　　D　収納　　　E　木製

③相撲－国技
　ジャズ －（　　　）
　A　音楽　　B　ゴスペル　C　楽器　　D　ブルース　　E　アフリカ

④金星－太陽系

こうもり －（　　　）

A　爬虫類　　　B　哺乳類　　　C　夜行性　　　D　洞窟　　　E　鳥類

⑤はさみ－裁断

そろばん －（　　　）

A　計算　　　B　電卓　　　C　携帯　　　D　検定試験　　　E　伝票

⑥教師－教育

医者 －（　　　）

A　治療　　　B　看護　　　C　病気　　　D　患者　　　E　保険

⑦ワールドカップ－サッカー

ウィンブルドン選手権 －（　　　）

A　フランス　　　B　ワイン　　　C　ゴルフ　　　D　避暑地　　　E　テニス

⑧ボクシング－グローブ

剣道 －（　　　）

A　日本　　　B　竹刀　　　C　道場　　　D　武道　　　E　騎士道

⑨フィリピン－マニラ

アメリカ －（　　　）

A　ボストン　　　B　アラスカ　　　C　ハワイ　　　D　ニューヨーク
E　ワシントンD.C.

⑩一万円－福沢諭吉 (2023年現在)

五千円 －（　　　）

A　野口英世　　　B　聖徳太子　　　C　新渡戸稲造　　　D　樋口一葉
E　夏目漱石

⑪オゾン層破壊－フロン

地球温暖化 －（　　　）

A　水質汚染　　　B　原子爆弾　　　C　自然破壊　　　D　砂漠化
E　二酸化炭素

⑫家事－洗濯

調味料 －（　　　）

A　料理　　　B　味噌　　　C　食事　　　D　食器　　　E　米

⑬コンピューター－情報処理

自動車 －（　　　）

A　移動　　　B　バス　　　C　運転　　　D　道路　　　E　洗車

⑭きな粉－大豆

湯葉 －（　　　）

A　小麦　　　B　米　　　C　卵　　　D　豆乳　　　E　砂糖

3. 敬 語

これが重要!

立場によってどのように判断するのかを言葉で示す表現
①尊敬語；相手を上に高めた表現
②謙譲語；自分を低めた表現
③丁寧語；対等の立場でわきまえた表現

◎尊敬語は相手を敬う気持ちなので，自分はそのままの位置で相手を上に置く。

◎謙譲語は自分が一歩下がる気持ちなので，相手はそのままで自分を低める。

◎丁寧語はお互いが同じ立場であり，認め合う気持ちを表す。

・いろんな場面で使う基本的表現を選ぶ。
・特に動詞の変化を問う問題が多い。
・文としてまとめて覚えておく。
・問題数は多くないが，必ず出される単元である。

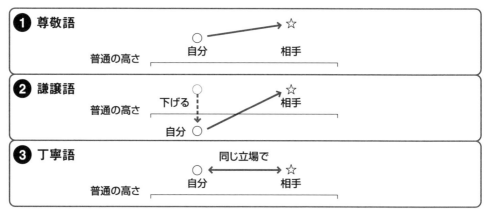

基本の言葉	尊敬語	謙譲語
行く・来る	いらっしゃる	まいる
い　る	いらっしゃる	お　る
言　う	おっしゃる	申す（申し上げる）
す　る	なさる	いたす
見　る	ごらんになる	拝見する
食べる	（めし）あがる	いただく
もらう		いただく
やる（くれる）	くださる	（差し）あげる
思う・知る		存じる（存じ上げる）
着る・乗る・呼ぶ	めす（おめしになる）	
聞　く	———	うかがう（うけたまわる）
訪（尋）ねる		うかがう
寝　る	お休みになる	
会　う		お目にかかる
父　親	お父さん・お父様	父
母　親	お母さん・お母様	母
妻	奥さん・奥様	家　内
子　供	お子さん・お子様	
自　分	皆さん・皆様	私（わたくし）

●例題　「原形－尊敬語」になる表現はどれですか。
A. 言う－申す　　　　B. 食べる－いただく　　　　C. 行く－参る
D. 聞く－伺う　　　　E. 見る－ご覧になる

→解答　E

あとは全て 原形－謙譲語 の関係の語である。

◎演習問題

1. 敬語表現で正しくないものはどれか。
　A. 私からそちらへ参ります。　　B. 費用は私がお支払いします。
　C. 先生がそうおっしゃった。　　D. 昨日，君の父にお会いしました。
　E. 父はこちらから参ると申しております。

2. 次の中であてはまる語句はどれか。
尊敬語 －（　　　　）
A　小生　　　B　拙宅　　　C　粗品　　　D　私ども　　　E　貴校

3. 次の中で尊敬語でないのはどれか。
A　お急ぎ　　　B　家内　　　C　ご心配　　　D　どなた　　　E　芳名

4. 「息子 － 愚息」と同じになる関係はどれか。
会社 －（　　　　）
A　我が社　　　B　弊社　　　C　御社　　　D　支社　　　E　貴社

5. 次の言葉の関係にふさわしい語を選びなさい。
食べる － いただく
A　いる－おいでになる　　B　言う－おっしゃる　　　C　する－なさる
D　行く－まいる

6. 次の各文で，敬語の使い方を誤っているものはどれか。
ア　ご注文は当方で申し受けます。
イ　先生から子供たちにご注意申してください。
ウ　私は中村と申します。どうぞよろしくお願いいたします。
　A　アのみ　　　B　イのみ　　　C　ウのみ　　　D　アとイ
　E　イとウ　　　F　アとウ　　　G　全て正しい　　　H　該当なし

7. 次の敬語表現と説明の関係で誤っているものはどれか。
A　作品を拝見するつもりです。　－　謙譲語
B　おいしゅうございます。　　　－　尊敬語
C　先生が歌われる。　　　　　　－　尊敬語
D　私が駅までお送りします。　　－　謙譲語
E　もうご覧になりましたか。　　－　尊敬語

4. ことわざ・慣用句

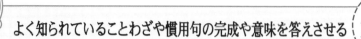

よく知られていることわざや慣用句の完成や意味を答えさせる **これが重要!**

①基本的なことわざは言えるように
②慣用句・四字熟語は意味も正確に覚える

◎書けなくてもいいので，読めること。
◎対になる言葉は正確に覚えておく。
◎よく出る四字熟語は意味も調べておく。

●例題　「猫－小判」と同じ関係のものを選びなさい。
言わぬが－（　　　　）
A. 金　　　　B. 銀　　　　C. 華　　　　D. 花　　　　E. 仏

→解答　D

「猫に小判」は，価値の解らないものには何の価値もないという意味。これと同じつくりになっていることわざを選ぶ。

「馬の耳に念仏」「猫に小判」というのもあるが，どれも一度は聞いたことがあるものばかりである。ただし，選択肢としては「紛らわしい」，「あまり使わない」，「記憶が定かではなさそう」，「あまり聞かない語」といったものが出題されやすい。普段から聞き慣れ，読み慣れていれば，とても簡単に答えることができるので，問題集などを活用して知識を高めておくとよい。

「言わぬが花」；はっきり言わないほうが味があるということ。

◎演習問題

1.　「右往 － 左往」と同じ，四字熟語になる関係はどれか。
　一部 －（　　　　）
　A　全部　　　　B　十分　　　　C　大敵　　　　D　一語　　　　E　始終

2.　「神出 － 鬼没」と同じ，四字熟語になる関係はどれか。
　竜頭 －（　　　　）
　A　無視　　　　B　蛇尾　　　　C　苦肉　　　　D　虎尾　　　　E　天角

3.　「意気 － 消沈」と同じ，四字熟語になる関係はどれか。
　危機 －（　　　　）
　A　無敵　　　　B　一発　　　　C　開放　　　　D　一髪　　　　E　無残

4.　「古今 － 東西」と同じ，四字熟語になる関係はどれか。
　栄枯 －（　　　　）
　A　盛衰　　　　B　無量　　　　C　無情　　　　D　清水　　　　E　無比

memo

5. 「一石 － 二鳥」と同じ，四字熟語になる関係はどれか。

千載 －（　　　）

A 砕身　　　B 一隅　　　C 百崇　　　D 一優　　　E 一遇

6. 「起承 － 転結」と同じ，四字熟語になる関係はどれか。

花鳥 －（　　　）

A 風月　　　B 水明　　　C 草木　　　D 山海　　　E 万象

7. 「平々 － 凡々」と同じ，四字熟語になる関係はどれか。

是々 －（　　　）

A 霏霏　　　B 非々　　　C 否々　　　D 実々　　　E 浦々

8. 「東奔 － 西走」と同じ，四字熟語になる関係はどれか。

内憂 －（　　　）

A 乾燥　　　B 外圧　　　C 不敵　　　D 外患　　　E 絶命

9. 「大器 － 晩成」と同じ，四字熟語になる関係はどれか。

五里 －（　　　）

A 夢中　　　B 無量　　　C 無辺　　　D 霧中　　　E 苦闘

10. 「千変 － 万化」と同じ，四字熟語になる関係はどれか。

一日 －（　　　）

A 一体　　　B 一夕　　　C 千週　　　D 八棟　　　E 千秋

11. 「社会から離れ心静かに暮らすこと」という意味にあたる四字熟語はどれか。

A 晴耕雨読　　　B 千載一遇　　　C 悠々自適　　　D 一石二鳥
E 平穏無事

12. 「おおげさにいうこと」という意味にあたる四字熟語はどれか。

A 針小棒大　　　B 空前絶後　　　C 神出鬼没　　　D 大胆不敵
E 一衣帯水

13. 「一番大事なきまり」という意味にあたる四字熟語はどれか。

A 不言実行　　　B 金科玉条　　　C 巧言令色　　　D 言語道断
E 片言隻語

14. 「仲の悪い者が同じ場所に居合わせること」という意味にあたる四字熟語はどれか。

A 前代未聞　　　B 一喜一憂　　　C 呉越同舟　　　D 切磋琢磨
E 天変地異

15. 「力の限り努力すること」という意味にあたる四字熟語はどれか。

A 森羅万象　　　B 悪戦苦闘　　　C 自業自得　　　D 不即不離

E 粉骨砕身

16. 「自分の利益になるように言ったり，したりすること」という意味にあたる四字熟語はどれか。

A 弱肉強食　　　B 自由自在　　　C 自画自賛　　　D 我田引水

E 換骨奪胎

17. 「誰にも愛想よく振舞うこと」という意味にあたる四字熟語はどれか。

A 縦横無尽　　　B 利害得失　　　C 用意周到　　　D 因果応報

E 八方美人

18. 「看板に偽りがあり，見かけだけが立派なこと」という意味にあたる四字熟語はどれか。

A 羊頭狗肉　　　B 有名無実　　　C 我田引水　　　D 外柔内剛

E 本末転倒

19. 「意見や注意を右から左へ聞き流すこと」という意味にあたる四字熟語はどれか。

A 不言実行　　　B 馬耳東風　　　C 有害無益　　　D 取捨選択

E 片言隻語

20. 「なんでも人の言いなりになること」という意味にあたる四字熟語はどれか。

A 以心伝心　　　B 意気投合　　　C 唯々諾々　　　D 言語道断

E 不言実行

●柳本新二（やなぎもとしんじ）

株式会社 Business Career Gate 代表。
相模女子大学非常勤講師。
学習塾経営，大学教授を経て約40年間，小学生から再就職希望の60代まで70000人以上の
受講生を持つ。
経済産業省アジア人財資金構想でアジア人国費留学生の就職支援を東京大学，東北大学，
九州大学などで行う。
SPI 問題集は売上 NO.1の実績。
慶應義塾大学大学院経営管理研究科卒業。

2025年度版 　高校生の就職試験　一般常識＆SPI
（ねんどばん）（こうこうせい）（しゅうしょくしけん）（いっぱんじょうしき）

（2023年度版　2022年2月21日　初版　第1刷発行）
2024 年 2 月 15 日　初　版　第 1 刷発行

著　者	柳　　本　　新　　二
発 行 者	多　　田　　敏　　男
発 行 所	TAC 株式会社　出版事業部
	（TAC 出版）

〒 101-8383
東京都千代田区神田三崎町 3-2-18
電 話 03（5276）9492（営業）
FAX 03（5276）9674
https://shuppan.tac-school.co.jp

組　版	朝日メディアインターナショナル株式会社
印　刷	日　新　印　刷　株　式　会　社
製　本	株　式　会　社　常　川　製　本

© Shinji Yanagimoto 2024　　　Printed in Japan

ISBN 978-4-300-10682-2
N.D.C. 336

TAC出版 書籍のご案内

TAC出版では、資格の学校TAC各講座の定評ある執筆陣による資格試験の参考書をはじめ、資格取得者の開業法や仕事術、実務書、ビジネス書、一般書などを発行しています！

TAC出版の書籍

*一部書籍は、早稲田経営出版のブランドにて刊行しております。

資格・検定試験の受験対策書籍

- ✪日商簿記検定
- ✪建設業経理士
- ✪全経簿記上級
- ✪税 理 士
- ✪公認会計士
- ✪社会保険労務士
- ✪中小企業診断士
- ✪証券アナリスト

- ✪ファイナンシャルプランナー(FP)
- ✪証券外務員
- ✪貸金業務取扱主任者
- ✪不動産鑑定士
- ✪宅地建物取引士
- ✪賃貸不動産経営管理士
- ✪マンション管理士
- ✪管理業務主任者

- ✪司法書士
- ✪行政書士
- ✪司法試験
- ✪弁理士
- ✪公務員試験(大卒程度・高卒者)
- ✪情報処理試験
- ✪介護福祉士
- ✪ケアマネジャー
- ✪社会福祉士　ほか

実務書・ビジネス書

- ✪会計実務、税法、税務、経理
- ✪総務、労務、人事
- ✪ビジネススキル、マナー、就職、自己啓発
- ✪資格取得者の開業法、仕事術、営業術
- ✪翻訳ビジネス書

一般書・エンタメ書

- ✪ファッション
- ✪エッセイ、レシピ
- ✪スポーツ
- ✪旅行ガイド (おとな旅プレミアム/ハルカナ)
- ✪翻訳小説

書籍の正誤に関するご確認とお問合せについて

書籍の記載内容に誤りではないかと思われる箇所がございましたら、以下の手順にてご確認とお問合せを
してくださいますよう、お願い申し上げます。

なお、正誤のお問合せ以外の書籍内容に関する解説および受験指導などは、一切行っておりません。
そのようなお問合せにつきましては、お答えいたしかねますので、あらかじめご了承ください。

1 「Cyber Book Store」にて正誤表を確認する

TAC出版書籍販売サイト「Cyber Book Store」の
トップページ内「正誤表」コーナーにて、正誤表をご確認ください。

CYBER TAC出版書籍販売サイト
BOOK STORE

URL：https://bookstore.tac-school.co.jp/

2 1の正誤表がない、あるいは正誤表に該当箇所の記載がない
⇒ 下記①、②のどちらかの方法で文書にて問合せをする

★ご注意ください★

お電話でのお問合せは、お受けいたしません。
①、②のどちらの方法でも、お問合せの際には、「お名前」とともに、
「対象の書籍名（○級・第○回対策も含む）およびその版数（第○版・○○年度版など）」
「お問合せ該当箇所の頁数と行数」
「誤りと思われる記載」
「正しいとお考えになる記載とその根拠」
を明記してください。
なお、回答までに１週間前後を要する場合もございます。あらかじめご了承ください。

① ウェブページ「Cyber Book Store」内の「お問合せフォーム」より問合せをする

【お問合せフォームアドレス】

https://bookstore.tac-school.co.jp/inquiry/

② メールにより問合せをする

【メール宛先　TAC出版】

syuppan-h@tac-school.co.jp

※土日祝日はお問合せ対応をおこなっておりません。
※正誤のお問合せ対応は、該当書籍の改訂版刊行月末日までといたします。

乱丁・落丁による交換は、該当書籍の改訂版刊行月末日までといたします。なお、書籍の在庫状況等
により、お受けできない場合もございます。
また、各種本試験の実施の延期、中止を理由とした本書の返品はお受けいたしません。返金もいたし
かねますので、あらかじめご了承くださいますようお願い申し上げます。

（2022年7月現在）

就職模擬試験問題 （制限時間 40 分）

| 学校名 | 高等学校 | 学年 | 年 | 学級名 | 組 | 氏名 | |

◆次の問題を読んで、正しいと思われる解答の記号を右の枠の中に書きなさい。

[1] 2人で働くと5日で終わる仕事を、5人で働くと何日で終わるか。

A 1日　　B 2日　　C 3日　　D 4日　　E 5日　　F 6日　　G A～F のいずれでもない

[2] 橋の一方から時速 112km の電車が、反対側から時速 128km の電車が同時に橋を渡り始め、2つの電車が出会ったのがその 10 秒後だった。この橋の長さは何 m か。選択肢の中から一番近いものを選びなさい。

A 570m　　B 590m　　C 610m　　D 630m　　E 650m　　F 670m　　G A～F のいずれでもない

（途中省略）　　　　　　　　　　　　　　　　　　　　　　　　　　　　　　　　　　　を選べ。ときる感度は四捨 ％か。

A 4 %　　B 5 %　　C 6 %　　D 7 %　　E 8 %　　F 9 %　　G A～F のいずれでもない

[6] 2時間で、12km 進むためには分速何 m で進めばよいか。

A 80m／分　　B 90m／分　　C 100m／分　　D 110m／分　　E 120m／分　　F 130m／分　　G A～F のいずれでもない

[7] 原価 1500 円の商品に 3割の利益を見込んで定価をつけた。定価はいくらか。

A 1900 円　　B 1910 円　　C 1920 円　　D 1930 円　　E 1940 円　　F 1950 円　　G A～F のいずれでもない

[8] 子は 9 歳で、母は 39 歳である。母の年齢が子の年齢の 3 倍になるのは何年後か。

A 5年　　B 6年　　C 7年　　D 8年　　E 9年　　F 10年　　G A～F のいずれでもない

[9] 円形の噴水の周囲に長さ 200m の遊歩道がある。この遊歩道沿いに植木を 5 m ごとに植えるとき、植木は何本必要か。

A 40本　　B 41本　　C 42本　　D 43本　　E 44本　　F 45本　　G A～F のいずれでもない

[10] 1階から 8階まで階段をかけあがるのに 224 秒かかる。1階から 21階まで階段をかけあがるのに何秒かかるか。

A 634秒　　B 636秒　　C 638秒　　D 640秒　　E 642秒　　F 644秒　　G A～F のいずれでもない

[11] 3本の当たりくじのはいった 12 本のくじがある。このくじを連続で 3 回引いて、すべて外れる確率はいくらか。

A $\frac{3}{4}$　　B $\frac{9}{16}$　　C $\frac{12}{36}$　　D $\frac{18}{51}$　　E $\frac{21}{55}$　　F $\frac{23}{60}$　　G A～F のいずれでもない

[12] サイコロが2つある。このサイコロをふったとき和が 6 になる確率はいくらか。

A $\frac{1}{9}$　　B $\frac{5}{36}$　　C $\frac{5}{9}$　　D $\frac{5}{12}$　　E $\frac{4}{25}$　　F $\frac{7}{36}$　　G A～F のいずれでもない

[13] 6 種類の異なるボールの中から 2 種類のボールを選ぶ組み合わせは何通りあるか。

A 9 通り　　B 12 通り　　C 15 通り　　D 18 通り　　E 20 通り　　F 21 通り　　G A～F のいずれでもない

[14] 7％の食塩水 300 g に塩は何 g 入っているか。

A 14 g　　B 18 g　　C 21g　　D 24 g　　E 28g　　F 32g　　G A～F のいずれでもない

[15] 6を2進法で表すといくらか。

A 10　B 11　C 100　D 101　E 110　F 111　G A〜Fのいずれでもない

[16] 2進法で表される 101001 を5進法に変換するといくらか。

A 131　B 201　C 1023　D 1101　E 2102　F 3415　G A〜Fのいずれでもない

[17] 400mある道沿いに桜の木を8mおきに植えるとすると、木は何本必要か。

A 48本　B 49本　C 50本　D 51本　E 52本　F 53本　G A〜Fのいずれでもない

[18] 30人に採用試験を行った。問題は2問あり、1問目ができた人は20人、2問目ができた人は15人、両方ともできなかった人は8人であった。両方できた人は何人か。

A 5人　B 6人　C 7人　D 8人　E 9人　F 10人　G 11人　H 12人　I 13人　J A〜Iのいずれでもない

[19] 恐竜展の初日の午前中の集客状況は全員で38人だった。内訳は大人が23人、女性が18人、男の子は4人であった。このとき、女性の大人は何人か。

A 0人　B 1人　C 2人　D 3人　E 4人　F 5人　G 6人　H 7人　I 8人　J A〜Iのいずれでもない

[20] 次の語と同じ関係になるものをア〜ウから選びなさい。

① 大腸：消化器

ア 心臓：循環器　イ 携帯電話：通信機器　ウ 感覚：味覚

A アだけ　B イだけ　C ウだけ　D アとイ　E アとウ　F イとウ　G 該当なし

[21] 「相手の言うことを素直に聞いて逆らわない様子」

A 素直　B 素順　C 服従　D 従順　E 奴隷

[22] 次の□にあてはまらないものを選びなさい。

□にする

ア 目　イ 口　ウ 耳　エ 髪　オ 首　F アとイ　G ウとエ　H 該当なし

[23] □に入れるのに最も適切なものを、A〜Eの中から1つ選びなさい。

怒りが□とおさまる

A ほうほう　B とくとく　C ことごとく　D せつせつ　E ふつふつ

[24] ア〜オの文章の並べ方としてもっとも適切なものを、A〜Eの中から1つ選びなさい。

ア　まず、オスの後脚のケヅメから毒液が分泌されるという。
イ　まずその外見である。
ウ　その生態も不思議だが、繁殖は卵を産む。しかし乳首はなく、腹部の乳腺から乳が分泌される。
エ　オーストラリアに生息するカモノハシは不思議な動物である。
オ　名前の通りカモのようなくちばしを持ち、四肢には水掻きがあり、扁平な尾を持っている。

A エ → イ → ア → ウ → オ
B エ → イ → ア → オ → ウ
C イ → ア → オ → ウ → エ
D イ → エ → オ → ウ → ア
E イ → エ → ウ → オ → ア

別冊 冊子

別冊 冊子　　　　　　　　　　　　色紙

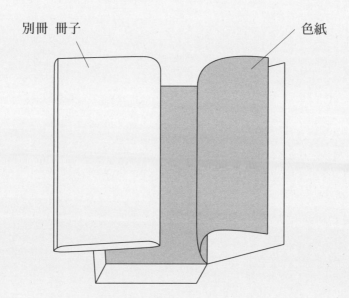

〈別冊 冊子ご利用時の注意〉

　以下の「別冊 冊子」は，この色紙を残したままていねいに抜き取り，ご利用ください。

　また，抜取りの際の損傷についてのお取替えはご遠慮願います。

高 校 生 の 就 職 試 験

一般常識 &SPI

解答集

一般常識　国語　　　　　　　　　　　　　　　　　　　　　1 ◎漢字の読み[p.4]

●1.　基礎A
①きせき　②こい　③くおん　④かんじょう　⑤たそがれ　⑥ごらく
⑦りゅうぎ　⑧ていさい　⑨そふ　⑩ちえん　⑪ゆかた　⑫ぎきょく
⑬きろ　⑭しょうだく　⑮しゅしょう　⑯かしつ　⑰したく　⑱しろうと
⑲ちょうふく（じゅうふく）　⑳ゆえん

●1.　基礎B
①つくろ　②たがや　③と　④うけたまわ　⑤つかさど　⑥しか
⑦なご　⑧た　⑨せ　⑩あらかじ　⑪はぐく　⑫いそ
⑬にな　⑭さ　⑮つ　⑯もう　⑰う　⑱つの
⑲はか　⑳こた

●1.　基礎C
①こうけん　②じゅんしゅ　③ていねい　④せつぐう　⑤よじょう　⑥ほうしゅう
⑦さいさき　⑧だし　⑨ちき　⑩まいきょ　⑪こわいろ　⑫しんく
⑬しゅうとく　⑭しいか　⑮げんち　⑯さっきゅう（そうきゅう）　⑰とこなつ
⑱もんこ　⑲たんもの　⑳じゃっかん

●1.　基礎D
①いさぎよ　②はんぷ　③すいはん　④ゆいいつ　⑤きちゅう　⑥もめん
⑦ゆうぜい　⑧こんぼう　⑨ちょうふく（じゅうふく）　⑩いわゆる　⑪かかし
⑫あざむ　⑬あやま　⑭いまし　⑮さえぎ　⑯うるお　⑰おちい
⑱おもむ　⑲かいひん　⑳かえり

●2.
①いとな　②あざむ　③あざ　④あせ　⑤あやつ　⑥あわ
⑦うった　⑧けわ　⑨こころよ　⑩すた　⑪つちか　⑫つの
⑬ね　⑭ゆる　⑮おもむ　⑯と　⑰し　⑱なめ
⑲おちい　⑳にぶ

●3.
①かぐら　②すいこう　③あくび　④ほご　⑤しょうよう　⑥おかん
⑦えこう　⑧かや　⑨けいだい　⑩けなげ　⑪げどく　⑫けびょう
⑬こんだて　⑭こんりゅう　⑮せきじつ　⑯はんれい　⑰なかんずく　⑱せつな
⑲ゆうぜい　⑳すいとう

●4.
①しゃみせん　②すもう　③すきや　④みやげもの　⑤さみだれ　⑥はとば
⑦もめん　⑧もみじ　⑨だいず　⑩こはるびより　⑪いおう　⑫つゆ
⑬うばぐるま　⑭なだれ　⑮かし　⑯いんねん　⑰けが　⑱こっき
⑲たいしゃく　⑳きっすい

●5.
①純真　②一緒　③快適　④専門　⑤架空　⑥機嫌
⑦低下　⑧偶然　⑨週刊誌　⑩講義　⑪指摘　⑫始末
⑬徐行　⑭不可欠　⑮堅実　⑯妥協　⑰紛失　⑱妨害
⑲副作用　⑳冷淡

解答

●1.
①討	②納得	③油断	④指導者	⑤複雑
⑥検査	⑦貢献	⑧期待	⑨境内	⑩承知
⑪悩	⑫尋	⑬甘	⑭効（効果）	⑮採（採集する）
⑯備（準備する）	⑰易	⑱待遇	⑲過	⑳祈

●2.
①率	②業	③過	④購	⑤評	⑥膚	⑦災	⑧択
⑨益	⑩駐	⑪倫	⑫徴	⑬錯	⑭率	⑮儀	⑯拠
⑰舗	⑱郷	⑲援	⑳衆				

●3.
①裁つ（裁断する）	②泣いた（人の場合は泣く）	③従わねば	④苦い（にがい）
⑤捨てた	⑥訪ねる（場所の場合）	⑦沿った	⑧責められた
⑨就く（就業）	⑩合う（合致する）		

●4. ①
A 観賞　　B 鑑賞　　C 干渉　　D 感傷

●4. ②
A 感心　　B 関心　　C 歓心　　D 寒心

●4. ③
A 試行　　B 志向　　C 指向　　D 施行

●4. ④
A 収める　　B 納める　　C 治める　　D 修める

●4. ⑤
A 変える　　B 換える　　C 替える　　D 代える

●5.
①過	②請	③解熱	④克明	⑤自慢	⑥善後策	⑦徹夜	⑧派遣
⑨待機	⑩紛失	⑪専門	⑫眠	⑬率先	⑭親切	⑮回収	⑯偏り
⑰原住民	⑱占	⑲執	⑳刈				

●1.
① A：対象（目標がある），対照（照らし合わせる），対称（つりあう）
② C：厚意（おもいやり），好意（親切さ）
③ B：体制（統一的な組織），耐性（対抗する性質），大勢（大体の状況），態勢（構え）

●2.
①C　　②A　　③D　　④B

●3.
①紀行	②気候	③気孔	④起工
⑤寄港	⑥機構		

●4.
①ウ（布石）　　②イ（猛烈）　　③イ（掛かる）

●5. ①
A 追求　　B 追及　　C 追究

●5. ②
A 保障　　B 保証　　C 補償

●5. ③
A 閉　　B 絞　　C 締

●5. ④
A 慎重　　　B 深長　　　C 伸長　　　D 新調

●5. ⑤
A 計　　　B 測　　　C 量　　　D 図
E 謀　　　F 諮

●5. ⑥
A 聞　　　B 効　　　C 利　　　D 聴

●6. ①
C；A 言葉に表す　B 姿を現す　C 書物を著す

●6. ②
C；A 問題を解く　B 絵の具を溶く　C 理論を説く

●6. ③
C；A 釘を打つ　B 敵を討つ　C 拳銃を撃つ

4 ◎類義語・対義語 [p.11]

●1.
①ク　②セ　③シ　④タ　⑤エ　⑥サ　⑦ウ　⑧キ
⑨ソ　⑩テ　⑪ツ　⑫カ　⑬ト　⑭イ　⑮コ　⑯ケ
⑰ス　⑱ア　⑲チ　⑳オ

●2.
①エ　②キ　③ケ　④イ　⑤ウ　⑥ス　⑦タ　⑧ソ
⑨オ　⑩コ　⑪カ　⑫サ　⑬ア　⑭ツ　⑮セ　⑯ク
⑰チ　⑱シ　⑲ト　⑳テ

●3.
①借りる　②尊い　③励む　④衰える　⑤聞く　⑥授ける　⑦縮む
⑧背く　⑨沈む　⑩劣る

●4.
①ケ　②カ　③ウ　④キ　⑤ア　⑥オ　⑦イ　⑧ク
⑨エ　⑩コ

●5.
①○　②返答　③負債　④願望　⑤断行　⑥改良　⑦○　⑧○
⑨裕福　⑩尽力

●6. ※（ ）は対義語
①過密（過疎）　②瞬間（永遠）　③模倣（創造）　④架空（実在）
⑤依存（独立）　⑥精密（粗雑）　⑦生産（消費）　⑧短縮（延長）
⑨需要（供給）　⑩自発（強制）

5 ◎四字熟語 [p.13]

●1.
①始（いちぶしじゅう）　②善（かんぜんちょうあく）　③欠（かんぜんむけつ）　④支（しりめつれつ）
⑤体（ぜったいぜつめい）　⑥走（とうほんせいそう）　⑦付（ふわらいどう）　⑧夢（むがむちゅう）
⑨不（ゆうじゅうふだん）　⑩口（いくどうおん）　⑪針（しんしょうぼうだい）　⑫尾（りゅうとうだび）
⑬以（いしんでんしん）　⑭髪（ききいっぱつ）　⑮霧（ごりむちゅう）　⑯載（せんざいいちぐう）
⑰患（ないゆうがいかん）　⑱呉（ごえつどうしゅう）　⑲読（せいこううどく）　⑳暗（あんちゅうもさく）

解答

●2.
①全→寧：あんねいちつじょ　②去→枯：えいこせいすい　③新→森：しんらばんしょう
④神→疾：しっぷうじんらい　⑤気→鬼：しんしゅつきぼつ　⑥陣→尽：いちもうだじん
⑦灌→感：かんがいむりょう　⑧現→言：ごんごどうだん　⑨画→我：ゆいがどくそん
⑩四→八：はっぽうびじん　⑪因→引：がでんいんすい　⑫苦→若：ろうにゃくなんにょ

●3.
①G　②C　③E　④B　⑤M　⑥D　⑦F　⑧H　⑨J　⑩I

●4.
①適(材)適所：F　②半信半(疑)：B　③徹(頭)徹尾：H　④馬耳(東)風：A
⑤喜怒(哀)楽：D　⑥一(心)不乱：E　⑦電光石(火)：C　⑧栄(枯)盛衰：G

●5.
①B りさんしゅうごう・G いっちょういったん
②D あくせんくとう・F こうだいむへん・H あいまいもこ
③A いんがおうほう・C いきしょうちん・E じがじさん

●1.
①早起きは(三)文の徳　　　K　②雨降って(地)固まる　　　D　③急がば(回)れ　　　　　　C
④言わぬが(花)　　　　　　E　⑤(馬)の耳に念仏　　　　　H　⑥(えび)で鯛を釣る　　　　J
⑦(鬼)の目に涙　　　　　　B　⑧(亀)の甲より年の功　　　G　⑨(風邪)は万病のもと　　　A
⑩木に(竹)を接ぐ　　　　　L　⑪弘法も(筆)の誤り　　　　F　⑫(三)人寄れば文殊の知恵　I

●2.
①猫に小判　②類は友を呼ぶ　③泣きっ面に蜂　④馬子にも衣装　⑤帯に短したすきに長し　⑥玉に瑕
⑦青菜に塩　⑧一寸先は闇　⑨壁に耳あり　⑩棚からぼた餅

●3.
①虻蜂とらず　　②虎の子　　　③牛の歩み　　　④鵜呑みにする　　⑤蚊の鳴くような声
⑥犬猿の仲　　　⑦さばを読む　⑧雀の涙　　　　⑨狸寝入り　　　　⑩鶴の一声
⑪とどのつまり　⑫猫の額　　　⑬袋の鼠　　　　⑭虫の知らせ　　　⑮烏の行水

●4.
①C「小耳にはさむ」：偶然耳に入ること　②D「腹を決める」：決心する　③D「目がない」：ひどく好む
④A「手塩にかける」：面倒を見て育てる　⑤D「足がつく」：逃げた足どりがわかる

●1.
A エ　　B オ　　C ウ　　D イ　　E ア

●2.
A ウ　　B キ　　C ア　　D オ　　E イ　　F カ　　G エ

●3.
A オ(『吾輩は猫である』)　B イ(『暗夜行路』)　C ア(『夜明け前』)　D エ(『羅生門』)　E ウ(『雪国』)

●4.
A ウ　　B エ　　C イ　　D ア

●5.
A イ　　B オ　　C エ　　D ウ　　E ア

●6.
A 『楡家の人々』は北杜夫　　B 『金閣寺』は三島由紀夫　　C 『こころ』は夏目漱石
D 『夜明け前』は島崎藤村　　E 『父帰る』は菊池寛

8 ◎日本の文学賞[p.19]

●1.
①A　②C　③B(『蒼氓』)　④D　⑤A　⑥D(村上龍は芥川賞)

●2.
①×　2015年上半期,『火花』で芥川賞を受賞した。
②×　設問文は芥川賞のこと。直木賞は新進・中堅作家のエンターテインメント作品の単行本が対象。
③○　『極楽征夷大将軍』垣根涼介,『木挽町のあだ討ち』永井紗耶子。
④○　1967年下半期に受賞している。　⑤○　菊池寛によって提唱され,年2回の発表がある。

●3.
①芥川龍之介　　②武者小路実篤　　③宮沢賢治　　④『雪国』　　＊①・③は名を冠した文学賞あり

●4.
A エ(三島由紀夫)　　B ウ(山崎豊子)　　C ア(松本清張)　　D イ(司馬遼太郎)

9 ◎社会人としてのマナー 敬語[p.21]

●1.
①来られる・お越しになる　②召し上がる　③ご覧になる　④おいでになる・いらっしゃる　⑤なさる・される

●2.
①存じる　　②拝見する　　③申す　　④伺う　　⑤参る

●3.
①来られた・みえた・おいでになった・いらっしゃった　②おっしゃった　③いただいた

●4.
①お聞きになる(Ａ)・承る(Ｂ)・聞きました(Ｃ)　　②参る(Ｂ)・いらっしゃる(Ａ)・来ます(Ｃ)
③借ります(Ｃ)・拝借する(Ｂ)・お借りになる(Ａ)　　④ご覧になる(Ａ)・見ます(Ｃ)・拝見する(Ｂ)
⑤召し上がる(Ａ)・いただきます(Ｂ)・食べます(Ｃ)

●5.
①遊びに来てください（丁寧語）
②○（謙譲語）
③されました（謙譲語→尊敬語）…目上の人なので尊敬語にする
④いただきました（丁寧語→謙譲語）…自分のことなので謙譲語で表す
⑤○（尊敬語）…監督は目上の人なので尊敬語にする
⑥出席された（丁寧語→尊敬語）…「〜様」は目上の人への語なので尊敬語にする
⑦伺います（二重敬語）…本来「お」はつけないが，習慣的に用いられることが増えた
⑧○（謙譲語）…自分が目上の人に伝えるので謙譲語にする
⑨○（尊敬語）…相手の行動を尋ねるので尊敬語にする
⑩○（尊敬語）…聞き手に促すので尊敬語にする

●6.
①自分がするので謙譲語：「まいります」
②自分がするので謙譲語：「伺い」または「参り」
③丁寧語にするので，「知りませんか」
④自分が受けるので謙譲語：「いただき」
⑤自分がしたことなので謙譲語：「おかけした」
⑥目上の人の行動なので尊敬語：「くださった」
⑦尊敬語：「くださった」
⑧案内は丁寧語：「でございます」
⑨目上に話すので謙譲語：「申し上げましょう」
⑩自分がする行為なので謙譲語：「承る」

●7.
イ　あなたのお母様が元気で帰っていらして。……………………… 尊敬表現
　　ア　わざわざここまでおいでいただいたのですか。………………… 謙譲表現
　　イ　あの方をご存知でいらっしゃったのですか。…………………… 尊敬表現
　　ウ　そのペンはあの方がくださったものです。……………………… 尊敬表現
　　エ　すぐにいらっしゃるようですから，ここでお待ちください。……… 尊敬表現
以上のことからアではない。次に下線部の言葉の働きについて考えてみる。
　　設問：「帰る」の意味を添える表現（補助的）
　　イ　：「ご存知」の補助的役割
　　ウ　：「くれる」の尊敬語
　　エ　：「来る」の尊敬語　　　　　　　　　　　　　　　　　　　　　　　　よって，答えはイとなる。

●8.
①（C）うかがう：謙譲語　　　A おっしゃる・B なさる・D いらっしゃる：尊敬語
②（D）いたす：謙譲語　　　　A おります・B ございます・C 〜です　　：丁寧語
③（B）〜られる：尊敬語　　　A まいる・C あがる・D 申し上げる　　：謙譲語

●9.
①お寺（○）…美化語という上品な表現として通じる
②私がお支払いいたします。（○）…「お〜する」という謙譲語の形，自分がすることなのでよい
③先生はそう申されておりました。（おっしゃって）…先生が行為者なので尊敬語にするべき
④私のお父さんは研究者です。（父）…自分の家族を他人に話す場合「お」はつけない
⑤先日，会場で母にお目にかかったそうですね。（会われた）…相手が尊敬する人の場合，家族への行為も尊
　敬語で表す
⑥次長はまだ出勤しておられません。（おりません）…社内の人を社外に伝える時は謙譲語
⑦課長がおっしゃるとおりです。（○）…敬意を持った人への言葉は尊敬語
⑧ここが坂井さんのお宅です。（○）…相手が尊敬する人の場合，相手に関することは「お」をつける
⑨それはもうすんだことでございます。（○）…自分が相手に促す言葉をいう場合は，謙譲語
⑩あの作曲家の方にも拝聴していただこう。（お聴き）…尊敬する人の行為は尊敬語

●1.
①ポツダム　②1946年11月3日　③平和主義（戦争放棄）　④国民　⑤象徴　⑥法規
⑦2/3　⑧過半数　⑨納税　⑩持ちこませず　⑪行政

●2.
G：国務大臣などの任命の認証をする

●3.
①C 法の下の平等　②A 精神の自由　③D 請求権　④B 社会権の内の生存権　⑤D 参政権

●4.
①エ　リンカン　　②イ　代議制・議会制民主主義ともいう
③ウ　1選挙区から2名以上は大選挙区　　④イ　野党は政権に対して批判する党のこと
⑤ア　比例代表区と小選挙区がある

●5.
①最高機関　②立法　③二院　④特別会　⑤衆議

●6.
①エ　　②イ　　③イ　参議院は30歳

●7.
①行政　②政府　③国会議員　④天皇　⑤国務大臣　⑥閣議　⑦議院内閣
⑧総辞職　⑨解散

●8.
①オ：「任命」ではなく「指名」。（自分が決定するのではなく, 告げ伝えること）
②13（復興庁, デジタル庁を含む。2023年4月「こども家庭庁」創設）　③公務員　④オンブズマン制度

●9.
①イ　　②エ　　③カ　　④ア　　⑤ウ

●10.
6つ：内閣府に属する庁は, 金融庁・警察庁・宮内庁・消費者庁の4つである。

●11.
①下級裁判所　②簡易裁判所　③三審制　④控訴
⑤民事裁判　訴えた人を原告という　⑥刑事裁判　⑦1　　⑧司法権
⑨違憲立法審査　⑩黙秘　⑪法の精神　⑫三権分立

2 ◎経済・経営 [p.31]

●1.
①家計　②政府　③エンゲル ＊エンゲル係数はその割合を百分率で表したもの　④クーリング・オフ
⑤製造物責任（PL）　⑥インフレーション　⑦スタグフレーション　⑧日本
⑨基準割引率及び基準貸付利率　⑩資本 ＊自然とは土地である　⑪株式会社

一般常識 社会

⑫寡占 　⑬CEO（Chief Executive Officer） 　⑭第三セクター 　⑮ステークホルダー

●2.
①財政 　②直接，間接 　③国，地方
④B・C 　A：間接税 　D：間接税 　E：間接税 　F：間接税 　G：地方税 　H：地方税 　I：地方税
⑤累進課税 　⑥歳入 　⑦ストックオプション 　⑧インサイダー（内部者）
⑨キャピタルゲイン 　⑩渋沢栄一 　＊日本資本主義の父といわれる

●3.
①ビッグバン 　②アウトソーシング 　③コングロマリット 　④ニッチ 　⑤SOHO 　⑥エンジェル
⑦過労死 　⑧セクシュアル・ハラスメント 　⑨介護保険制度 　⑩ワークシェアリング
⑪65 　⑫ドメスティック・バイオレンス（DV） 　⑬インフォームド・コンセント

●4.
①メディアリテラシー 　②デジタルデバイド 　③フィッシング 　④ビッグデータ
⑤GIGAスクール構想 　⑥ディープラーニング 　⑦ブロックチェーン 　⑧IoT（Internet of Things）

●5.
①公害 　②地球温暖化 　③クリーンエネルギー 　④化石 　⑤ヒートアイランド現象
⑥京都 　⑦オゾン層 　⑧国連気候変動枠組条約 　⑨家電リサイクル法 　⑩ワシントン条約

3 ◎日本地理・世界地理[p.34]

●1.
①7 　②ユーラシア 　③太平洋 　④大陸棚 　⑤メルカトル
⑥白夜 　⑦明石（兵庫県） 　⑧進む（増える） 　⑨北 　⑩扇状地

●2.
①主権 　②インド 　③D 　④アメリカ合衆国 　⑤アメリカ合衆国
⑥イタリア 　⑦スイス 　⑧陸奥 　⑨ウルグアイ 　⑩中国

●3.
①四国 　②国後（くなしり） 　③フォッサマグナ 　④43 　⑤3000 　⑥東 　⑦東京
⑧阿蘇山 　⑨リアス 　⑩大坂（大阪府） 　⑪飛騨 　⑫白神 　⑬11

●4.
①札幌 　②盛岡 　③仙台 　④水戸 　⑤宇都宮 　⑥前橋 　⑦さいたま 　⑧横浜
⑨甲府 　⑩名古屋 　⑪大津 　⑫津 　⑬金沢 　⑭神戸 　⑮高松 　⑯松山
⑰松江 　⑱那覇

●5.
①196 　②ロシア：約1,710万㎢ 　③ヒマラヤ 　④アラブの春 　⑤38
⑥一国二制度 　⑦大韓民国 　⑧モンゴル 　⑨ブラジル
⑩ボーキサイト 　＊水酸化アルミニウムを含んだ鉱物で，オーストラリアが産出１位 　⑪仏教
⑫カースト 　⑬コンピュータソフト 　⑭サウジアラビア 　⑮イスラム 　⑯OPEC

●6.
①ワシントン D.C. ②オタワ ③パリ ④ロンドン ⑤ベルリン ⑥ローマ
⑦マドリッド ⑧ベルン ⑨ストックホルム ⑩オスロ ⑪リヤド ⑫ニューデリー
⑬北京 ⑭ソウル ⑮マニラ ⑯バンコク ⑰テヘラン ⑱キャンベラ
⑲ブラジリア ⑳ブエノスアイレス

●7.
①アフリカの年 ②カカオ ③ダイヤモンド ④アパルトヘイト ⑤サハラ砂漠 ⑥フィヨルド
⑦EU ⑧イギリス ⑨フランス ⑩ドイツ ⑪イタリア ⑫オランダ
⑬スイス ⑭ベネルクス三国 ⑮27

●8.
①メガロポリス ②とうもろこし ③鉄鉱石 ④自動車 ⑤サンベルト
⑥シリコンバレー ⑦多国籍企業 ⑧ワシントン D.C. ⑨ニューヨーク ⑩ロサンゼルス
⑪ミシシッピ川 ⑫ロッキー山脈

●9.
①主権国家 ②国際連合 ③ニューヨーク ④総会 ⑤安全保障理事会 ⑥拒否
⑦中国 ⑧冷たい戦争（冷戦） ⑨ドイツ ⑩ソビエト連邦
⑪第三世界 ⑫部分的核実験禁止条約 ⑬(青年)海外協力隊

●10.   **●11.**
①ウ ②オ ③エ ④イ ⑤ア   ①エ ②ア ③オ ④イ ⑤ウ

4 ◎日本と世界の歴史 [p.39]

●1.
①西暦 ②世紀 ③2100 ④大正 ⑤江戸 ⑥室町 ⑦平安
⑧奈良 ⑨弥生 ⑩直立歩行 ⑪メソポタミア文明 ⑫釈迦
⑬万里の長城

●2.
①ウ・エ・カ・ク ②イ 遣唐使ではなく，遣隋使である ③ア 物部氏ではなく蘇我氏

●3.
①×；東大寺ではなく国分寺 ②×；役人ではなく農民である
③〇；盲目になっても布教のために来た ④〇；木を組み合わせたもので自然の空気調節ができる
⑤〇；日本最古の歌集である ⑥×；日本書紀ではなく風土記である

●4.
①エ ②オ ③イ ④ウ ⑤ア

●5.
⑦徒然草（－ 吉田兼好） ⑩南総里見八犬伝（－ 滝沢馬琴）

●6.
⑤城郭造というのはない。宿場町や城下町など町づくりが多い。

●7.
①天保 ②徳川吉宗 ③目安箱 ④天保の改革 ⑤大塩平八郎

解答

●8.
①エ　　　②オ　　　③キ　　　④ア　　　⑤イ

●9.
①五箇条の御誓文　②東京　　　　　③版籍奉還　　　④廃藩置県　　　⑤中央集権
⑥文明開化　　　⑦福沢諭吉　　　⑧西郷隆盛　　　⑨伊藤博文　　　⑩大日本帝国憲法

●10.
①日清戦争は下関条約である（1894～95）

●11.
①絶対王政　　　②エリザベス　　　③ピューリタン革命　④名誉革命　　　⑤独立
⑥フランス　　　⑦産業革命　　　⑧モンテスキュー　　⑨ルソー　　　　⑩マルクス

●12.
①コロンブス　　②ヴァスコ＝ダ＝ガマ

●13.
①エ　②オ　③ウ　④ア　⑤イ　⑥キ　⑦ク　⑧コ　⑨ケ　⑩カ

一般常識 数学　　　　　　　　　　　　　　　　　　　1 ◎数の計算［p.47］

●1.
①533　　　②783　　　③置き換えて：28＋58－39＝47　　　④18564
⑤3　　　⑥置き換えて：21÷7×9＝3×9＝27　　　⑦0.31　　　⑧0.29
⑨810÷405と同じ，2　　　⑩7.98

●2.
① $\dfrac{1}{2} - \dfrac{1}{3} + \dfrac{3}{4} = \dfrac{6}{12} - \dfrac{4}{12} + \dfrac{9}{12} = \dfrac{11}{12}$

② $\dfrac{1}{2} - \dfrac{1}{4} - \dfrac{1}{8} - \dfrac{1}{16} = \dfrac{8}{16} - \dfrac{4}{16} - \dfrac{2}{16} - \dfrac{1}{16} = \dfrac{8-4-2-1}{16} = \dfrac{1}{16}$

③ $1\dfrac{1}{7} \times 2\dfrac{4}{5} = \dfrac{8}{7} \times \dfrac{14}{5} = \dfrac{16}{5}$

④18÷24×4÷3＝18×4÷24÷3＝1

⑤48－24÷6＝48－4＝44

⑥12345×9＋6＝111105＋6＝111111

⑦3×（9－4）÷5×4＝3×5÷5×4＝3×4＝12

⑧356－{96－（76－55）÷3}＝356－{96－21÷3}＝356－{96－7}
　＝356－89＝267

⑨162.8－（12.8＋7.3×2.8）＝162.8－（12.8＋20.44）＝162.8－33.24
　＝129.56

⑩ $\left(\dfrac{5}{3} + \dfrac{1}{2} \right)$ から計算する，$\dfrac{10}{6} + \dfrac{3}{6} = \dfrac{13}{6}$ となる。

　これを元の式に入れると，

　$\dfrac{3}{2} \times \dfrac{13}{6} \div \dfrac{1}{8} = \dfrac{3 \times 13 \times 8}{2 \times 6 \times 1} = 26$

●3.

① $(+4)+(+7)=4+7=11$

② $(-5)+(-8)=-(5+8)=-13$

③ $(-3)-(+6)=-3-6=-9$

④ $(+8)-(-7)=+8+7=15$

⑤ $(+6)\times(-8)=-48$

⑥ $(-48)\div(-6)=8$

⑦ $7+(-26)-(-39)-15=7-26+39-15=7+39-26-15=46-41=5$

⑧ $(-21)\times(-6^2)\div(-3)^3=(-21)\times(-6\times6)\div(-3)(-3)(-3)$

$=(-21)\times(-36)\div(-27)=-(21\times36\div27)=-28$

⑨ $45-(-9)\times(-12)\div(-4)=45-(-9\times12\div4)=45-(-9\times3)$

$=45+27=72$

⑩ $(-4)\div(-2)^2-(-3)^3\times(-5)$

$=(-4)\div(-2)(-2)-(-3)(-3)(-3)\times(-5)$

$=(-4)\div(+4)-(-27)\times(-5)$

$=-1-135$

$=-136$

●4.

① $6ab\times2a^2\div3ab=12a^3b\div3ab=4a^2$

② $x^2y^3\div4xy\times8y=8x^2y^4\div4xy=2xy^3$

③ $x^2y\div xy^3\div x^2y=x^2y\div x^3y^4=\dfrac{1}{xy^3}$

④ $4abc\times(-5ab)\div2ab=-20a^2b^2c\div2ab=-10abc$

⑤ $(-4ab)^3\div8a^2bc\times4b^2c=-256a^3b^5c\div8a^2bc=-32ab^4$

⑥ $xy^2\times(-6y^2)\div(-8xy)^2=-6xy^4\div64x^2y^2=-\dfrac{3y^2}{32x}$

⑦ $12x\div4x^2\times(-2x)=-24x^2\div4x^2=-6$

⑧ $(-30x^2y)\div2x\div(-3y)^2=(-15xy)\div9y^2=-\dfrac{5x}{3y}$

⑨ $x+4(x-3y)+8x^2y\div(-2x)^2=x+4x-12y+2y=5x-10y$

⑩ $4a^2b^2\div ab\div2^2-(-3a)^3\times ab^2=ab+27a^4b^2$

●5.

① $4x+y=9$

   $y=9-4x$

② $5a=4b-6c$

   $4b-6c=5a$ ……………… 式を入れ替える

   $4b=5a+6c$ ……… 不要な式を移項する

   $b=\dfrac{5a+6c}{4}$

③ $S=vt+c$

   $vt+c=S$

   $vt=S-c$

   $t=\dfrac{S-c}{v}$

④ $y=\dfrac{2}{3}x+5$

   $\dfrac{2}{3}x+5=y$

   $\dfrac{2}{3}x=y-5$

   $x=\dfrac{3(y-5)}{2}$

解答

⑤　$V = \frac{1}{3} \cdot Sh$

$\frac{1}{3} \cdot Sh = V$

$\frac{1}{3} \cdot S = V \div h$

$S = \frac{3V}{h}$

⑥　$L = (x+y)\,t$

$(x+y)\,t = L$

$x+y = \frac{L}{t}$

$y = \frac{L}{t} - x$

⑦　$y = \frac{a+b+c}{3}$

$\frac{a+b+c}{3} = y$

$a+b+c = y \times 3$

$c = 3y - a - b$

⑧　$\frac{a-b}{3} = \frac{a+2b}{5}$

$5(a-b) = 3(a+2b)$

$5a - 5b = 3a + 6b$

$2a = 11b$

$a = \frac{11b}{2}$

●6.

①　$(x+y)(a+b)$
$= ax + bx + ay + by$

②　$(x-4)(x+3)$
$= x^2 - x - 12$

③　$(3a-b)^2$
$= 9a^2 - 6ab + b^2$

④　$(x+2y)(x-2y)$
$= x^2 - 4y^2$

⑤　$(ab-c)(ab+c)$
$= a^2b^2 - c^2$

⑥　$(4x+3y)^2$
$= 16x^2 + 24xy + 9y^2$

●7.

①　$2\sqrt{3} + 3\sqrt{3}$
$= 5\sqrt{3}$

②　$\sqrt{75} - \sqrt{27}$
$= 5\sqrt{3} - 3\sqrt{3} = 2\sqrt{3}$

③　$\sqrt{60} \times \sqrt{105}$
$= 2\sqrt{15} \times \sqrt{105}$
$= 2\sqrt{15} \times \sqrt{15} \times \sqrt{7}$
$= 2 \times 15 \times \sqrt{7}$
$= 30\sqrt{7}$

④　$\sqrt{108} \div \sqrt{12}$
$= \sqrt{108 \div 12}$
$= \sqrt{9}$
$= 3$

⑤　$\sqrt{25} \times \sqrt{18} \div \sqrt{15}$
$= \sqrt{(25 \times 18 \div 15)}$
$= \sqrt{30}$

⑥　$2\sqrt{96} + \sqrt{150} - 5\sqrt{54}$
$= 2 \cdot 4\sqrt{6} + 5\sqrt{6} - 5 \cdot 3\sqrt{6}$
$= -2\sqrt{6}$

⑦　$7\sqrt{2} \times 3\sqrt{12} \div \sqrt{21}$
$= \sqrt{98} \times \sqrt{108} \div \sqrt{21}$
$= \sqrt{98 \times 108 \div 21}$
$= 6\sqrt{14}$

⑧　$\sqrt{7}(-\sqrt{21} + \sqrt{28})$
$= -7\sqrt{3} + 14$

⑨　$(2\sqrt{3}-3)^2 - 4(2-3\sqrt{3})$
$= 12 - 12\sqrt{3} + 9 - 8 + 12\sqrt{3}$
$= 13$

⑩　$(\sqrt{5}-2)^2 - 2(\sqrt{5}-2) - 8$
$= \{(\sqrt{5}-2)-4\}\{(\sqrt{5}-2)+2\}$
$= (\sqrt{5}-2-4)(\sqrt{5}-2+2)$
$= (\sqrt{5}-6)(\sqrt{5})$
$= 5 - 6\sqrt{5}$

●1.
①4500:2700＝45:27＝5:3
②2×50000＝100000[cm]＝1000[m]＝1[km]
③自分は入らないので対戦相手は7人。7＋6＋5＋4＋3＋2＋1＝28[試合]
④6650÷7＝950[km/時]
⑤3科目の合計点は78×3＝234[点]，これにつぎの2科目を加えると，
　234＋70＋82＝386，平均点:386÷5＝77.2[点]
⑥自動車の燃費は360÷24＝15[km/l]，バスの燃費は531÷45＝11.8[km/l]
　30lで進む距離を求める，自動車は15×30＝450[km]，
　バスは11.8×30＝354[km]，その差は450－354＝96[km]
　よって，自動車が96km多く走れる。
⑦塩の量は9×700÷100＝63[g]，
　水を入れた食塩水の量は700＋200＝900[g]，よって，求める濃度は63÷900×100＝7[%]
⑧4.5kg＝4500g，4500－150＝4350[g]，4350÷58＝75[個]
⑨仕入れ値をxとすると，定価はx＋0.35x＝1.35x，これが3240円なので，3240÷1.35＝2400[円]

●2.
①700　　　　②1　　　　③10　　　　④4500000，320，40000　　　　⑤70000，0.5，8.6

●3.
①大きいほうの数をxとすると，小さいほうはx－16。大きい数は(80＋16)÷2＝48
②(余りの数＋不足の数)÷(1人当たりの本数の差)で出せます。
　(24＋15)÷(7－4)＝39÷3＝13(人)
③50円切手をx枚とすると，84円切手は15－x，
　代金の式は50x＋84(15－x)＝920
　34x＝340，x＝10[枚]
④兄の速さは1200÷8＝150[m/分]，弟の速さは1200÷12＝100[m/分]
　追いつく時間は1200÷(150－100)＝24[分後]
⑤列車が走る長さは280＋440＝720[m]，速さは秒速18mだから，720÷18＝40[秒]
⑥残りの割合は，$1－\dfrac{3}{8}＝\dfrac{5}{8}$，これが260ページなので，$260÷\dfrac{5}{8}＝416$[ページ]
⑦1人で1日働く時の賃金:144000÷(3×5)＝9600[円]
　働いた結果:4人が2日なので，合計:9600×4×2＝76800[円]

●4.
①傾き$－\dfrac{1}{2}$なので，$y＝－\dfrac{1}{2}x＋b$，
　これに(4，2)を代入すると，$2＝－\dfrac{1}{2}×4＋b$，
　2＝－2＋b，b＝4　　よって，$y＝－\dfrac{1}{2}x＋4$
②平行というのは傾きが同じなので，$y＝\dfrac{1}{3}x＋b$
　これに(6，－3)を代入すると，$-3＝\dfrac{1}{3}×6＋b$，b＝－5
　よって，$y＝\dfrac{1}{3}x－5$
③$y＝ax＋b$で，b＝－8なので，$y＝ax－8$
　これに(7，6)を代入すると，6＝7a－8，7a＝14，a＝2
　よって，$y＝2x－8$
④y軸との交点が(0，6)なので，切片が6となる。$y＝ax＋6$
　これに(2，0)を代入すると，0＝2a＋6，2a＝－6，a＝－3　　よって，$y＝－3x＋6$

⑤2つとも座標の場合は，連立方程式を立てればよい

$(-3, -3)$ より，$-3=-3a+b$ ……………………………………… ①

$(9, 5)$ より，$5=9a+b$ ……………………………………… ②

①－②

$$-3=-3a+b$$
$$-)\ \ 5=\ \ \ 9a+b$$
$$-8=-12a$$

$$\frac{2}{3}=a \cdots\cdots\cdots\cdots\cdots\cdots\cdots\cdots\cdots\cdots\cdots\cdots\cdots ③$$

③→①に代入

$$-3=-3a+b \qquad -3=-3\times\frac{2}{3}+b \qquad -3+2=b \qquad b=-1$$

よって，$y=\frac{2}{3}x-1$

3 ◎図形の面積・体積 [p.51]

●**1.**

① $5\times\pi=5\pi$ [cm]　　　② $6\times2\times\pi=12\pi$ [cm]　　　③ $14\times\pi\div2+14=7\pi+14$ [cm]

④ $10\times2\times\pi\times\dfrac{90}{360}+10\times2=20\pi\times\dfrac{1}{4}+20=5\pi+20$[cm]　　⑤ $47.1=$直径$\times3.14$，直径$=47.1\div3.14=15$[cm]

●**2.**

①台　　　形：(上底＋下底)×高さ÷2＝$(7+15)\times8\div2=88$ [cm²]

②ひ　し　形：対角線×対角線÷2＝$8\times13\div2=52$ [cm²]

③$9\times23\div2+11\times23\div2=(9+11)\times23\div2=230$ [cm²]

④三角形(左)：$10\times18\div2=90$，(中)$15\times20\div2=150$，(右)$16\times17\div2=136$

　　　　合計：$90+150+136=376$ [cm²]

●**3.**

①円の面積－ひし形の面積＝$10\times10\times3.14-20\times20\div2=314-200=114$ [cm²]

②大きい三角形－小さい三角形＝$12\times12\div2-12\times5\div2=(12-5)\times12\div2=7\times6=42$ [cm²]

③(大円－小円)÷4＝$15\times15\times3.14\div4-10\times10\times3.14\div4=(706.5-314)\div4=98.125$ [cm²]

④白い部分＝(扇形－三角形)×2＝$(6\times6\times3.14\div4-6\times6\div2)\times2=(28.26-18)\times2=20.52$

　　　正方形－白い部分＝$36-20.52=15.48$ [cm²]

●**4.**

①立体全体の体積：$20\times26\times6=3120$ [cm³]

　　欠けた立体の体積：$11\times12\times6=792$ [cm³]

　　求　め　る　体　積：$3120-792=2328$ [cm³]

②手 前 の 直 方 体：$10\times22\times6=1320$ [cm³]

　　横 の 直 方 体：$10\times23\times6=1380$ [cm³]

　　縦 の 直 方 体：$10\times10\times(16+6)=2200$ [cm³]

　　合計：$1320+1380+2200=4900$ [cm³]

③全 体 の 底 面 積 ………(14＋12)×(22＋8)＝$26\times30=780$ [cm²]

　　欠 け た 面 積 1 ………$14\times8=112$ [cm²]

　　欠 け た 面 積 2 ………$11\times10=110$ [cm²]

　　求 め る 底 面 積 ………$780-(112+110)=558$ [cm²]

　　求 め る 体 積 ………$558\times7=3906$ [cm³]

④底面積を求める:
全 体 の 底 面 積 ………10×20＝200 [cm²]
欠けた扇形の面積 ………10×10×3.14÷4＝314÷4＝78.5 [cm²]
求 め る 底 面 積 ………200－78.5＝121.5 [cm²]
求 め る 体 積 ………121.5×20＝2430 [cm³]

一般常識 理科 $\quad$ 1 ◎理科の対策 [p.55]

●1.
①A $\quad$ ②B $\quad$ ③E $\quad$ ④C $\quad$ ⑤D

●2.
①焦点 $\quad$ ②低く $\quad$ ③海水中 $\quad$ ④酸性 $\quad$ ⑤大きく $\quad$ ⑥大気圧 $\quad$ ⑦沸点 $\quad$ ⑧蒸留 $\quad$ ⑨1 $\quad$ ⑩接眼レンズ

●3.
①被子 $\quad$ ②めしべ $\quad$ ③葉緑体 $\quad$ ④光合成 $\quad$ ⑤気孔 $\quad$ ⑥酸素 $\quad$ ⑦二酸化炭素
⑧種子(顕花) $\quad$ ⑨蒸散 $\quad$ ⑩双子葉類

●4.
①ウ $\quad$ ②公転 $\quad$ ③イ $\quad$ ④太陽 $\quad$ ⑤北極星 $\quad$ ⑥夏至 $\quad$ ⑦23.4 $\quad$ ⑧金星 $\quad$ ⑨惑星 $\quad$ ⑩南中

●5.
①AとC $\quad$ ②塩素 $\quad$ ③イオン $\quad$ ④電池 $\quad$ ⑤反対 $\quad$ ⑥浮力 $\quad$ ⑦等速直線 $\quad$ ⑧$\frac{1}{2}$ $\quad$ ⑨仕事率 $\quad$ ⑩合力

●6.
①エ $\quad$ ②ア $\quad$ ③オ $\quad$ ④ウ $\quad$ ⑤イ $\quad$ ⑥ク $\quad$ ⑦キ $\quad$ ⑧ケ $\quad$ ⑨コ $\quad$ ⑩カ
⑪チ $\quad$ ⑫タ $\quad$ ⑬ト $\quad$ ⑭ツ $\quad$ ⑮テ $\quad$ ⑯ヌ $\quad$ ⑰ナ $\quad$ ⑱ノ $\quad$ ⑲ニ $\quad$ ⑳ネ

●7.
①ウ $\quad$ ②オ $\quad$ ③エ $\quad$ ④コ $\quad$ ⑤ケ $\quad$ ⑥カ $\quad$ ⑦ア $\quad$ ⑧ク $\quad$ ⑨イ $\quad$ ⑩キ

●8.
①ツ $\quad$ ②ヌ $\quad$ ③タ $\quad$ ④テ $\quad$ ⑤ネ $\quad$ ⑥ナ $\quad$ ⑦ノ $\quad$ ⑧ニ $\quad$ ⑨ト $\quad$ ⑩チ

一般常識 英語 $\quad$ 1 ◎英語の対策 [p.61]

●1.
① after $\quad$ ② over $\quad$ ③ pairs $\quad$ ④ sheet $\quad$ ⑤ home

●2.
① while $\quad$ ② front $\quad$ ③ on $\quad$ ④ made $\quad$ ⑤ On $\quad$ ⑥ possible $\quad$ ⑦ date $\quad$ ⑧ from $\quad$ ⑨ soon $\quad$ ⑩ to

●3.
① for $\quad$ ② in $\quad$ ③ of $\quad$ ④ at $\quad$ ⑤ of $\quad$ ⑥ for $\quad$ ⑦ with $\quad$ ⑧ from
⑨ of $\quad$ ⑩ from $\quad$ ⑪ of $\quad$ ⑫ but $\quad$ ⑬ to $\quad$ ⑭ from $\quad$ ⑮ up

●4.
① able $\quad$ ② going $\quad$ ③ have $\quad$ ④ need not $\quad$ ⑤ Study $\quad$ ⑥ Will (Could)
⑦ about, Shall $\quad$ ⑧ a lot of, plenty $\quad$ ⑨ with, whose $\quad$ ⑩ joined

解答

●5.
①ええと…。　②あなたにまた会えるときを楽しみにしています。　③じゃまだから，どいて！
④いらっしゃいませ。　⑤いろいろとありがとう。　⑥ここでは靴はお脱ぎください。　⑦全て順調です。
⑧顔色悪いよ。　⑨時間に遅れないように。　⑩左に曲がりなさい，そうすればそのビルが見えるでしょう。

●6.
①× ; [wɔ́:k] － [wɔ́:rk]　②○ ; [sʌ́n]　③○ ; [híər]　④× ; [náu] － [nóu]
⑤× ; [hɑ́:rd] － [hɑ́ərd]　⑥○ ; [ðɛ́ər]　⑦○ ; [néim] － [séim]　⑧× ; [fɔ́:rst] － [fǽ(:)st]
⑨○ ; [mí:t]　⑩○ ; [ðís] － [ðei]

●7.
①ウ ; [ʌ́]　②ア ; [óu]　③エ ; [ɔ́ər]　④イ ; [ɔ́:t]　⑤イ ; [é]　⑥イ ; [ái]　⑦イ ; [t]

●8.
①○　②○　③× ; ア　④× ; ア　⑤○　⑥○　⑦○　⑧○　⑨○　⑩○
⑪○　⑫× ; ア　⑬× ; ア　⑭○　⑮× ; ウ　⑯○　⑰○　⑱× ; ア

●9.
① bought, bought　② cut, cut　③ see, seen　④ studied　⑤ kept, kept
⑥ go, went　⑦ lay, lain　⑧ eat, ate

●10.
① mine　② speaks　③ too, to　④ Never　⑤ There　⑥ each　⑦ has, since　⑧ no

●11.
① easy (easier) (easiest)　② big (bigger) (biggest)　③ large (larger) (largest)
④ important (more important) (most important)　⑤ good (better) (best)　⑥ much (more) (most)

●12.
①boys　②babies　③women　④knives　⑤children　⑥leaves　⑦boxes　⑧dishes
⑨deer　⑩sheep　（集団で活動するものはまとめてとらえるので複数形はない。また，water milk snow chalkなど液体や鉱物も複数形はない。）

●13.
①エ　②カ　③ク　④オ　⑤イ　⑥ア　⑦キ　⑧ウ

●1.
①ア・カペラ　②ラップ　③デュエット　④夜想曲　⑤ベートーベン

●2.
①能　②エイサー　③津軽じょんがら節　④箏

●3.
①アカデミー賞　②グラミー賞　③エミー賞　④トニー賞　⑤最優秀男優賞
⑥ヴェネチア国際映画祭　⑦パルム・ドール　⑧ベルリン国際映画祭　⑨羅生門　⑩寺島しのぶ

●4.
①法隆寺五重塔 ②金剛力士像 ③平等院鳳凰堂 ④雪舟 ⑤葛飾北斎 ⑥パルテノン神殿
⑦ピラミッド ⑧レオナルド・ダ・ヴィンチ ⑨ロダン ⑩モネ ⑪黄 ⑫グラデーション

●5.
①NPB ②3 ③ゴールデングラブ賞 ④2000 ⑤ポスティング・システム
⑥王貞治 ⑦WBC(ワールド・ベースボール・クラシック) ⑧イチロー ⑨平行棒
⑩関脇 ⑪27 ⑫パラリンピック ⑬ハットトリック ⑭ドーピング
⑮マスターズ選手権 ⑯全仏オープン ⑰中嶋悟
⑱ラグビー(15人);サッカー(11人),アメリカンフットボール(11人),アイスホッケー(6人)

●6.
①羅針盤 ②天の橋立 ③偕楽園 ④空海 ⑤孔子 ⑥勘定奉行 ⑦紀州家
⑧香具山 ⑨イスラム教 ⑩炭水化物 ⑪増鏡 ⑫奥州街道 ⑬触覚 ⑭憲法
⑮スズシロ

●7.
①睦月 ②如月 ③弥生 ④皐月 ⑤神無月 ⑥師走

●8.
①還暦;満60年で干支が戻るから ②古希;杜甫の曲江詩「人生七十古来稀」より
③傘寿;八と十でできる漢字 ④米寿;八と十と八でできる漢字
⑤白寿;百から一が入れば白になる

●9.
①鹿児島 ②高知 ③東京 ④島根 ⑤愛知

| SPI | 非言語分野 | 1 ◎損益に関する問題[p.72] |

●1.
C
柿の個数をxとすると,りんごの数は$(18-x)$個になる。
柿の代金は,$120×x=120x$,
りんごの代金は,$200×(18-x)$
代金の式は,柿の価格+りんごの価格なので,
$120x+200×(18-x)=2800$
これを解くと,
$120x+3600-200x=2800$
$-80x=-800$
$x=10$

●2.
B
ガムの個数をx個とすると,
チョコレートの個数は$7-x$なので,代金の式を書くと,
ガムの代金は,$120×x=120x$,
チョコレートの代金は,$160(7-x)$より,
$120x+160(7-x)=1000-40$
$120x+1120-160x=960$
$-40x=-160$
$x=4$

●3.
B
みかんの値段をx円とすると,
持っていたお金は2つの式で表せる
$20x-300=12x+820$
$8x=1120$
$x=140$

●4.
E
飲み物の値段をx円とすると,わか君の残金は,
$360-x$,たか君の残金は,$200-x$
2人の残金が3倍の差なので,これを式に表すと,
$360-x=3(200-x)$
$360-x=600-3x$
$2x=240$
$x=120$

19

SPI 非言語分野

●5.

D

大人の入場者数をx人とすると，

子供の入場者数は$98-x$

代金の式を求めると，

$500x+240(98-x)=36000$

これを解くと，

$500x+23520-240x=36000$

$260x=12480$

$x=48$

●6.

D

仕入れ値をx円とすると，

定価は，仕入れ値＋利益より，$x+5000$円

これを20％引きで売ったのでその金額の割合は，

$1-0.2=0.8$　売った値段は，$0.8(x+5000)$

これが仕入れ値に5％の利益を含むので，$x+0.05x$

$0.8(x+5000)=x+0.05x$

$0.8x+4000=1.05x$

$4000=0.25x$

$x=4000÷0.25=16000$

●7.

C

大人の料金をx円，子供の料金をy円とすると，

$4x+6y=31000$・・・・・・・・・・・・・・・・・・・・①

$3x=4y+2000$・・・・・・・・・・・・・・・・・・・②

②より，

$3x-4y=2000$・・・・・・・・・・・・・・・・・・③

①×3－③×4

$12x+18y=93000$

$-)\ 12x-16y=\ \ 8000$

$34y=85000$

$y=2500$

●8.

D

はじめの姉の所持金をx円，妹の所持金をy円とすると，

出したお金の式：$\frac{1}{2}x+\frac{2}{5}y=18000$・・・・・・①

残ったお金の式：$\frac{1}{2}x-\frac{3}{5}y=1500$・・・・・・・②

それぞれを10倍すると

$5x+4y=180000$・・・・・・・・・・・・・・・・・・③

$5x-6y=15000$・・・・・・・・・・・・・・・・・・④

③－④

$5x+4y=180000$

$-)\ 5x-6y=\ \ 15000$

$10y=165000$

$y=\ \ 16500$

2 ◎距離・速さ・時間 [p.74]

●1.

D

2時間30分＝2.5時間だから，$80×2.5=200$［km］

●2. ①

E

1時間で900km飛ぶのだから3.6時間ではその3.6倍

飛ぶことになる。よって，$900×3.6=3240$［km］

●2. ②

F

900km＝900000m

1時間＝60分＝3600秒

$900000÷3600=250$［m／秒］

●2. ③

B

375km＝375000m，秒速250mなので

$375000÷250=1500$

1500秒＝25分

●3.

B

家からコンビニまでの距離をxとすると，コンビニから友達の家までの道のりは$2000-x$［m］　　かかる時間は，

家からコンビニまでは$\frac{x}{60}$分，コンビニから友達の家までにかかる時間は$(2000-x)÷80$［分］なので，

$\frac{x}{60}+(2000-x)÷80=30$

両辺に240をかけて

$\quad 4x+3(2000-x)=7200$

$\quad 4x+6000-3x=7200$

$\qquad\qquad x=1200$

●4.

C

学校から市役所までの距離を$x$kmとすると，歩いた時間は，$x\div4=\dfrac{x}{4}$

自転車で行った時間は，$x\div12=\dfrac{x}{12}$

よって，$\dfrac{x}{4}-\dfrac{x}{12}=\dfrac{30}{60}$

両辺に60をかけて

$\quad 15x-5x=30$

$\qquad 10x=30$

$\qquad\ x=3$

●5.

E

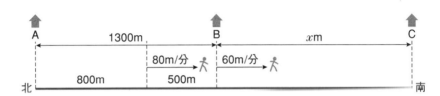

B の家からCの家までの距離をxmとする。

A が出発してからBがCの家につくまでの時間の式を立てる。

A がかかった時間は，$(1300+x-40)\div80$

B がかかった時間は，$x\div60$

B は10分後に出たので，

$(1300+x-40)\div80=x\div60+10$

両辺に240をかけて

$\quad 3(1300+x-40)=4x+2400$

$\qquad 3780+3x=2400+4x$

$\qquad\qquad x=1380$

●6.

C

題意より，CがAに追いついた出発5分後には，BはCより$5\times(150-70)=400$（m）前方の地点にいるから，

Cの速さを毎分xmとすれば，$\dfrac{400+150\times4}{x}=4$　つまり，$4x=1000$　これからCの速さは，$x=250$

●7.

B

A町から峠までを$x$km，峠からB町までを$y$kmとすると，

$$\begin{cases} \dfrac{x}{3}+\dfrac{y}{4}=3\dfrac{1}{4}\cdots\cdots\cdots\cdots\cdots① \\ \dfrac{y}{2}+\dfrac{x}{4}=4\cdots\cdots\cdots\cdots② \end{cases}$$

これを解くと，

①×12　②×4

$\quad 4x+3y=39\cdots\cdots\cdots\cdots③$

$\quad\ x+2y=16\cdots\cdots\cdots\cdots④$

③－④×4

$\qquad 4x+3y=39$

$\underline{-)\quad 4x+8y=64\qquad}$

$\qquad\quad -5y=-25$

$\qquad\qquad y=5\cdots\cdots\cdots⑤$

⑤を④に代入　$x+2\times5=16$

$\qquad\qquad\qquad\qquad x=6$

よって，もとめる距離は，6＋5＝11km

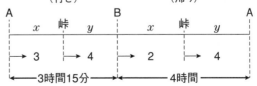

●1. ①

D

3人の1時間当たりの仕事量は,

A君1人では18時間なので, $\dfrac{1}{18}$

B君1人では12時間なので, $\dfrac{1}{12}$

C君1人では9時間なので, $\dfrac{1}{9}$

3人が1時間にする仕事は, $\dfrac{1}{18}+\dfrac{1}{12}+\dfrac{1}{9}$

よって,

かかる仕事時間: $1\div\left(\dfrac{1}{18}+\dfrac{1}{12}+\dfrac{1}{9}\right)=4$

●1. ②

D

B君とC君が2人で2時間した仕事量は,

$\left(\dfrac{1}{12}+\dfrac{1}{9}\right)\times2=\dfrac{7}{18}$

A君が働いた時間は, $\left(1-\dfrac{7}{18}\right)\div\dfrac{1}{18}=11$

●2. ①

E

慶太君と誠也君とで20分間入力した時の仕事量は,

$\left(\dfrac{1}{100}+\dfrac{1}{80}\right)\times20=\left(\dfrac{4}{400}+\dfrac{5}{400}\right)\times20$

$=20\times\dfrac{9}{400}=\dfrac{9}{20}$

残りの仕事を誠也君と愛美さんで行った時の時間は,

$\left(1-\dfrac{9}{20}\right)\div\left(\dfrac{1}{80}+\dfrac{1}{50}\right)=\dfrac{220}{13}=16\dfrac{12}{13}$

●2. ②

D

慶太君と誠也君で最初20分間入力し,

その後, 誠也君と愛美さんで終わりまで使ったので

使った時間: $20+16\dfrac{12}{13}=36\dfrac{12}{13}$

誠也君が打ち込んだ量は全体のどれだけかを求めると,

$\dfrac{1}{80}\times36\dfrac{12}{13}=\dfrac{1\times480}{80\times13}=\dfrac{6}{13}$

●2. ③

E

全体から愛美さんが入力した割合を求める:

$\dfrac{1}{50}\times\dfrac{220}{13}=\dfrac{22}{65}$

よって, 愛美さんの取り分を求めると

$9100\times\dfrac{22}{65}=3080$

●3.

C

2つで $\dfrac{2}{3}$ まで入れたので, 残りの水の量は $\dfrac{1}{3}$ である。

これを小さいほうだけで入れて10分かかったので,

小さいほうのポンプは $\dfrac{1}{3}\div10=\dfrac{1}{30}$ の大きさである。

最初に両方で8分間入れて $\dfrac{2}{3}$ になったので,

1分間に入れられる量は $\dfrac{2}{3}\div8=\dfrac{1}{12}$

ここから小さいほうのポンプを引けばいい

$\dfrac{1}{12}-\dfrac{1}{30}=\dfrac{5}{60}-\dfrac{2}{60}=\dfrac{3}{60}=\dfrac{1}{20}$

●4.

E

おじいさんが1人でした仕事は全体の半分なので,

残りは $\dfrac{1}{2}$

これを孫が30分かかったので1分あたりの仕事量は,

$\dfrac{1}{2}\div30=\dfrac{1}{60}$

●5.

D

全体の仕事は, $8\times10=80$

既に終わった仕事は, $8\times3=24$

残りの仕事は, $80-24=56$

これを4日間で仕上げるので,

必要な1日の仕事は, $56\div4=14$

よって必要な人数は14人

いま8人いるので,

増やす人数は, $14-8=6$人

●6.

C

8人が4日した仕事量は全体の$\frac{2}{5}$なので,

全体の仕事量は, $8×4÷\frac{2}{5}=80$

80の仕事の$\frac{3}{5}$は, $80×\frac{3}{5}=48$

これを6人でかかった日数は, $48÷6=8$
よって, $8+4=12$日

4 ◎濃度算 [p.78]

●1.

A

　塩の量；$4×100÷100=4×1$
$\hspace{4.5cm}=4$[g]

●2.

E

　塩の量；$8×4=32$g

濃度を10%にするので, $10=\frac{32×100}{400-x}$

　　$3200=10(400-x)$　　$320=400-x$
　　$x=400-320$　　$x=80$

●3.

C

　塩の量；$12×2=24$g

濃度を6%にするので, $6=\frac{24×100}{200+x}$

　　$2400=6(200+x)$　　$400=200+x$
　　$x=200$

●4.

B

　塩の量；$15×200÷100=30$g

濃度を20%にするので, $20=\frac{(30+x)×100}{200+x}$

両辺に$(200+x)$をかけて,
　　$20×(200+x)=100(30+x)$
　　$4000+20x=3000+100x$　　$80x=1000$
　　$x=12.5$

●5.

D

　塩の量；$4×3=12$g　　$2×1=2$g
　食塩水の量；$300+100=400$g
　濃度；$\frac{(12+2)×100}{400}=\frac{1400}{400}=3.5$[%]

●6.

D

6%の食塩水300gに含まれる塩の量は, $6×300÷100=18$g
5%の食塩水200gに含まれる塩の量は, $5×200÷100=10$g
塩の量の合計は, $10+18=28$g
食塩水の量の合計は, $200+300=500$g

よって, 求める濃度は,

$\frac{塩×100}{食塩水+水}=\frac{28×100}{300+200}=\frac{2800}{500}=5.6$[%]

●7.

B

　塩の量；$3×80÷100=2.4$g　　$8×x÷100=\frac{8x}{100}$g

ここで食塩の量を計算すると,

$2.4+\frac{8x}{100}$が7%の食塩水$(80+x)$gとわかる。

よって, $2.4+\frac{8x}{100}=7(80+x)÷100$

両辺を100倍して
　　$240+8x=560+7x$　　$x=320$

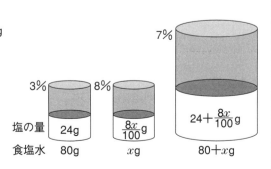

●1.
B
川を1時間で上る距離は，12÷4＝3km，下る時は12km進んだ。
このことから川の流れの速さは，
（12－3）÷2＝9÷2＝4.5[km／時]

●2.
E
川を下るということは，「船の速さ＋川の流れの速さ」より，4＋12＝16kmが船の速さになる。

45分を時間で表すと，$45÷60＝\dfrac{3}{4}$[時間]

求める距離は，$16×\dfrac{3}{4}＝12$[km]

●3.
E
上り200mに8分かかったので，1分ごとに進む時間を求めると，
　200÷8＝25[m／分]
静水時の船の速さは，25＋10＝35[m／分]
従って，下りの時は，
　（35＋10）×8＝360[m]

●4.
C
速さ＝距離÷時間より，
　　20÷2＝10
下りの速さ＝静水時の速さ＋川の流れの速さより，
　　　＝8＋x
　8＋x＝10
　　x＝10－8
　　x＝2

●5.
E
　10.8km＝10800m，3時間＝180分
上りは，10800÷30＝360[m／分]
下りは，10800÷180＝60[m／分]…川の流れの速さ
　上り＝静水時の船の速さ－川の流れ
　360＝x－60
　－x＝－420
　　x＝420[m]

求める速さx

進む速さ　　川の流れ

●6.
A
上りの船の速さは，27÷3＝9[km／時]
川の流れの速さは，12－9＝3[km／時]
下る時の船の速さは，12×2＋3＝27
よって，27÷27＝1時間

●1. ①
D
　360÷20＝18
　18＋1＝19[本]

●1. ②
B
必要な木の数は，44＋両端の杭の数2＝46，
この場合の間隔は，46－1＝45
　360÷45＝8[m]

●2.

A

木と木の間は，56mと84mの公約数で，5mから10mの間であればよい。56と84の公約数は，1，2，4，7，14，28。このうち条件に当てはまるのは，7である。

$56÷7＝8$　　　$84÷7＝12$　　　$8＋12＝20$

これが2つあるので，$20×2＝40$

別解: 縦と横の長さの合計÷公約数にしてもよい。

　　　縦＋横＝$56＋84＝140$

　　　　$140×2÷7＝40$［本］

●3.

E

牧場の周囲の長さは，$1×760＝760$［m］

縦と横の合計は，$760÷2＝380$［m］

　　$380＋2＝382$［本］・・・縦と横に使ったくいの合計

　　（$382－240$）$÷2＝71$［本］・・・・・・・・・・・・・・縦

　　$71＋240＝311$［本］・・・・・・・・・・・・・・・・・横

　　$71－1＝70$［m］・・・・・・・・・・・・・・・・・縦の長さ

　　$311－1＝310$［m］・・・・・・・・・・・・・・・横の長さ

　　$70×310＝21700$［m²］$＝217$［a］

●4.

B

池の周りの長さ：$200×14＝2800$［m］　　必要な電灯の数：$2800÷40＝70$［本］　　$85－70＝15$［本］

7 ◎虫食い算［p.84］

●1.

G

```
  1 2 7 a
－   4 b 4
─────────
  ア 8 5
```

アルファベットを付けて考える。

$a－4＝5$となるので，$a＝9$になる。

$7－b＝8$だが，できないので繰り下げて$17－b＝8$とすると，$b＝9$になる。

残りは$11－4＝$アなので，ア$＝7$である。

●2.

A

```
  ア 4 8 0 a
－ 2 イ b c 5
───────────
  2 5 7 4 8
```

まずアルファベットを付けてみる。

$a－5＝8$ができないので1繰り下げてみると，$a＝8＋5＝13$より，$a＝3$

繰り下げた残り$9－c＝4$より，$c＝9－4＝5$

次に，8が7になっているので，$7－b＝7$より，$b＝0$

$4－$イ$＝5$ができないので，$14－$イ$＝5$とすると，イ$＝9$

残りのアは1少なくなっているので，（ア$－1$）$－2＝2$

ア$－3＝2$より，ア$＝2＋3＝5$　　求めるア＋イは，$5＋9＝14$

●3.

C

```
    a 3 イ
×     2 8
─────────
  b 4 c 6
  8 ア 4
─────────
1 2 0 9 6
```

掛け算なので一の位から計算してみる。

$8×$イ$＝c6$（2桁）になるので，イは，2か7である。

次に$a3$イ$×2＝8$ア4より，aが5以下とわかる。

$a＝8÷2＝4$，ア$＝2×3＝6$，$2×$イ$＝4$なので，イ$＝2$

アとイが分かったのでここで計算は終了。

求める答えは，ア÷イなので，$6÷2＝3$

●4.

E

```
        ア イ
a 7 ) 5 8 2 9
      ウ エ 6
      ───────
      b オ c
        4 6 d
      ───────
            0
```

解けるところから考えていこう。$a7×$ア$＝$ウエ6より，アは8しかない。

次に$a7×$イ$＝46d$であるが，$d＝c$であり，問題の式より9になる。

$d＝9$なので，7とかけて1の位が9になるのは$7×7＝49$で7，よってイ$＝7$

bオ$＝46$なので，$b＝4$，オ$＝6$となる。

$5829÷a7＝$アイ$＝87$より，$a7＝5829÷87$なので，67となるので，$a＝6$である。

よって求める問題はこのaと同じ数なので，既に出ているオが解答になる。

解答

●5.

D

```
        a 1 b
    ×   3 ア 6
      5 c 6 d
    4 e 5 f
  g 7 h 3
  i イ j k 1 6
```

アルファベットを付けた式で考える。まず，全体をみて特に大きな特徴がないので上からa1b×6の式について考える。

b×6＝d＝6　より，d＝6，b＝1か6

1×6＝6より　繰り上がりがないのでb＝1になる。

6×a＝5cになるので，a＝9，c＝4が決まる。

a1bが911と決まったので，3段目の式が全て計算できる。

911×3＝2733なので，g7h3は，g＝2，h＝3

最後に2段目を計算する。1×ア＝5より，ア＝5になる。

911×5＝4555になるので，4e5fのe＝5，f＝5

よって，ア＝5，イ＝2になるので，5－2＝3

●6.

C

割り算の問題は最後の引き算の答えが0になるので，そこは必ず同じ数になる。ただし，今回の問題は全ての数字を見当に入れなければならないので，必ずしもそこだとは言い切れないが，見当をつける場所として考慮しておくとよい。

```
         a b
  2 8 ) 1 c d 4
         e 4
         f g 4
         h i 4
             0
```

記号を入れて考えてみる。

28×a＝e4　から，8×a＝～4となる数をさがす。1の位が4となるのは，

8×3＝24，8×8＝64の場合なのでa＝3か8

e4が2桁なので，a＝3　よって，e＝8

28×b＝hi4より，8×b＝～4となりこれも同様にb＝3か8

この場合，3桁なので，b＝8

28×8＝224　h，i＝2，2となり，f，gも2，2となる。

1cd－e4＝1cd－84＝22となるので，1cd＝106

c，d＝0，6と決まる。

　a＝3，b＝8，c＝0，d＝6，e＝8，f，g，h，i＝2

よって，あてはまる数字は，2が一番多い。

8 ◎場合の数・組み合わせ [p.86]

●1.

E

最初は4通り選べる，次は残りの3通りなので，4×3＝12通り。

●2.

A

0が最初の場合は3桁にならないので，最初に来る数は2通り。次に残りの2通りが来るので，全部で，2×2＝4通り。

●3.

C

百の位が1のときは全てあてはまる。その個数は，4×3＝12通り。百の位が2の場合でも同じである。12通り。百の位が3の場合，十の位が0と1の場合は3通りずつ。百の位が3，十の位が2の場合は，320，321，324になる。よって，あてはまる320の順番は，12＋12＋3×2＋1＝31番目。

●4.

D

最初は4人の誰でもよい，次は残りの3人，次は2人，最後は1人となるので

すべての組み合わせは，4×3×2×1＝24通り。

●5.

B

組み合わせを考えよう。

枚数の制限があるのは10円玉，4枚のみなので

    100円玉5枚，50円玉1枚，10円玉4枚

    100円玉4枚，50円玉3枚 ・・・・・

    100円玉3枚，50円玉5枚 ・・・・・

    100円玉2枚，50円玉7枚 ・・・・・

    100円玉1枚，50円玉9枚 ・・・・・

●6. ①

B

最初は6種類，次は残りの5種類なので，全組み合わせは，6×5＝30

しかし，これには，（ブドウ，マンゴー）（マンゴー，ブドウ）の組み合わせが異なるものとして計算されている。実際は半分なので，30÷2＝15通り。

●6. ②

C

最初は6種類選べる，次は残りの5種類，更に次は4種類で全部で3種類になる。全部の組み合わせは，6×5×4＝120通りになる。しかしこの問題では例えば，アップル・オレンジ・マンゴーの順でも，マンゴー・オレンジ・アップルの順でも購入する種類に違いはない。つまり同じということである。よってこれを引かなければならない。

それを表す式は，6種類から3種類を選ぶ組み合わせと理解し，$_6C_3$ と書く。 $\dfrac{6×5×4}{3×2×1}$＝20[通り]

●7.

D

この場合，5のカードが1の位にくるときだけ5の倍数になるから，残りの3枚の並べ方を考えるだけでよい。3×2×1＝6通り。

●8. ①

A

5人の中から3人選ぶ組み合わせ。順序は関係ない。

$_5C_3$＝（5×4×3）÷（3×2×1）＝10[通り]

●8. ②

B

10人の中から3人を選ぶので，

$_{10}C_3$＝（10×9×8）÷（3×2×1）＝120[通り]

●8. ③

E

男子10人から3人を選ぶ方法は，

   10×9×8÷（3×2×1）＝120

女子5人から2人を選び組あわせは，5×4÷2＝10

両方の組み合わせは，120×10＝1200通り。

●9.

A

5つの点から3つの頂点を選ぶので，全部で5×4×3＝60通り。

しかし△ABCと△BCA，△CABは同じなので引かなければならない。それを表す式は，

   $_5C_3$＝5×4×3÷（3×2×1）＝10[通り]

●10.

D

下の図のように，A，B，Cとして色の組み合わせを調べると次のようになる。

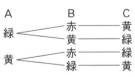

9 ◎確 率 [p.88]

●1.

E

さいころの目の種類は6通り，そのうち3が出るのは1通りなので，求める確率は $\dfrac{1}{6}$

●2.

B

1から9までで偶数は，2・4・6・8の4種類ある。

よって偶数になる確率は，$\dfrac{4}{9}$

●3.

E

全部の球の数は，8＋10＋7＝25[個] そのうち白球の数は，8個なので，

求める確率は，$\dfrac{8}{25}$

●4.

C

サイコロ2つでできる組み合わせの種類は，6×6＝36通り。かけて6になる組み合わせは，(1,6)(2,3)(3,2)(6,1)の4通り。よって求める確率は，$\dfrac{4}{36}＝\dfrac{1}{9}$

SPI　非言語分野

●5. ①

E

次の2つの場合について考える。

ア.「1」を2枚使うとき　残りの1枚のカードを「※」とすると，その決め方は3通り

その各々に対して，「1，1，※」の3枚の並べ方は3通りあるから，3×3＝9通り。

イ.「1」を1枚以下使う場合　1，2，3，4の4枚から3枚をとって並べる並べ方に等しいから，4×3×2＝24通り。

以上から，答えは　9＋24＝33通りとなる。

●5. ②

E

2枚ある「1」を，「1a」，「1b」のように区別して考えると，5枚のカードから3枚とって並べる並べ方の総数は，

$$_5P_3＝5×4×3＝60 [通り]$$

このうち，312以上の整数は，百の位の数が3または4である。

2×4×3＝24通りから，

「3」「1a」「1b」，「3」「1b」「1a」の2通りを除いた22通りであるから，

求める確率は，$\dfrac{22}{60}＝\dfrac{11}{30}$

●6.

A

5枚の硬貨の表・裏の出方の総数は，2×2×2×2×2＝32通りであり，

このうち，表が偶数枚，出る場合を数えると，

ア：表が0枚～すべて裏が出る場合で，1通り。

イ：表が2枚～どの2枚で表が出るかで，$_5C_2＝10 [通り]$

ウ：表が4枚～どの4枚で表が出るかで，

$$_5C_4＝_5C_1＝5 [通り]$$

以上，合計1＋10＋5＝16通りであるから，

求める確率は，$\dfrac{16}{32}＝\dfrac{1}{2}$

●7. ①

C

正八面体の1辺にならないのは，

①同じ目が出る場合の6通り　　②右図の太線になる場合の3×2＝6通り。

よって，求める確率＝$1－\dfrac{6＋6}{6×6}＝\dfrac{2}{3}$

※1回目の目は何でもよく，2回目の目はその向かい側以外の4通りがOK，

と考えると，$\dfrac{6×4}{6×6}＝\dfrac{2}{3}$

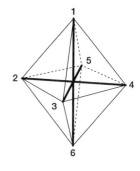

●7. ②

D

三角形ができるのは，3回の目がすべて異なる場合であるから，求める確率は，$1－\dfrac{6×5×4}{6×6×6}＝1－\dfrac{5}{9}＝\dfrac{4}{9}$

●7. ③

B

正八面体の1辺の長さはすべて等しいので，四角形2345，1365，1264はすべて正方形である。正方形の中に直角三角形は4つあるので，直角（二等辺）三角形は全部で4×3＝12 [個] ある。

1つの直角三角形ができるサイコロの目の出方は，3つの数の並べ方なので，それぞれ3!＝6 [通り] あると考えられる。よって，求める確率は，$\dfrac{12×6}{6×6×6}＝\dfrac{1}{3}$

10 ◎推 論 [p.90]

●1.

B

条件ごとに順に書いていく。まさみさんの家，a＜b，c＜b，c＜a，a＜dより　c＜a＜d＜b　となる。

●2.

D

予想が外れたときは×，当たった時は○として，表に書き込んでみる。Y君が正解なので，1位はS君と決まる。

X君が外れたので，1位はU君ではない。また2位はT君ではない。これを×にして表に入れると，右のようになる。これらからT君は3位，U君は2位とわかる。

順位	1位	2位	3位
S	○	—	—
T	—	×	○
U	×	○	—

●3. ①

A

与えられた数字と式から考える。

まずT×T＝Uより，Uはある数の2乗になっているので，その関係の数をさがすと11と121が決まる。T＝11，U＝121。

次はその数を使った別の式に注目する。U－T＝Wより，121－11＝110　W＝110である。

最後に残ったS－V＝Tより，S－V＝11，使っていない数が130である。ここで条件を見ると130が一番大きい数となっている。よって，130＝Sである。130－V＝11より，V＝119である。

●3. ②

B

（11＋110＋121＋130＋119）÷5＝98.2

●4.

A

	赤	青	黄	緑
春恵	×	—	—	—
夏男	—	○	—	—
秋子	—	—	○	—
冬彦	—	—	—	×

以上の結果で決まっていないのは，春恵さんと冬彦君。色は赤と緑である。

ここで春恵さんは，嘘をついていることから，赤を持っていないことになるので，赤は冬彦君になる。よって春恵さんは緑色となる。

●5.

E

条件をもとに関係を式で表していくと判りやすい。　ウ＞ア＞イ・・・・・・・・・・・・・・・・・・・・・・・・・・・・・・①

オ＝ア＋イ，また，オ＝ウ＋エとも同じになる。　よって，オ＝ア＋イ＝ウ＋エ・・・・・・・・・・・・・・・・・②

①と②により，ア＋イ＝ウ＋エから，エが一番小さい数となる。よって，オ＞ウ＞ア＞イ＞エ　となる。

●6.

D

勝敗表を作成すると右のようになる。ここで考慮すべき点は，山本，川田が3試合の勝敗なので，4試合していないということである。よって，4試合した人は海本，町田の2人となる。海本が4敗なので，町田は2勝1敗ではなく，3勝1敗となる。

	山本	川田	海本	町田	勝敗
山本		×	○	×	1勝2敗
川田	○		○	○	3勝
海本	×	×		××	4敗
町田	○	×	○○		3勝1敗

●7.

B

勝敗表を作成してみる。

	V	W	X	Y	Z
V		○	○	—	○
W	×		—	—	○
X	×	—		—	○
Y	—	—	—		○
Z	×	×	×	×	

ここで，VとW，XとYは同じ勝ち数で，これら4チームは合計10勝6敗となり，4つ勝ち数が多い。従ってZが全敗になることがわかる。それらを合わせた結果は上の表のようになる。ここで，V＝Wの条件を考えると，Vは既に3勝しているので，勝ち数は3か4になる。Wを見るとすでにVに負けているので，4勝はできない。よって，VとWの勝ち数は3となる。その結果，X＝Yより，両チームの勝ち数は2となる。そこまでの表は次のページの通りである。

SPI 非言語分野

	V	W	X	Y	Z
V		○	○	×	○
W	×		○	○	○
X	×	×		—	○
Y	○	×	—		○
Z	×	×	×	×	

ということは、XはYに勝ったということである。よって、YはVとZに勝ったことになる。

11 ◎集合 [p.92]

●1.

B

ベン図で表すと右のようになる。
2つの円の重なるところを5人とする。妹がいるところの人数は、
$x=49-(27+9)=13$

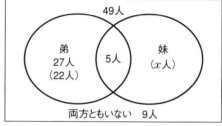

●2.

D

ベン図で表すと右のようになる。
すると、全体の人数は
$x=0.48x+0.5x-23+28$
$0.02x=5$
$x=250$

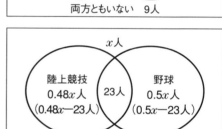

●3.

E

ベン図で関係を表してみる。
アは1点なので、表より3人。
イは2点なので4人となることがわかる。
ウとエは共に3点で、その人数の和は9人になる。
オは5点なので、5人である。カは4点なので6人。
キは全部あっているので6点となり、3人。
1問だけあってた人は10人なので、
ウ=10－（ア＋イ）=10－（3＋4）=3人
ここからエは、9－3=6人
よって問2を正解した人は、イ＋エ＋オ＋キ=4＋5＋6＋3=18人

●4.

B

ベン図で関係を表してみる。まず、S, T, Uの1種類だけ注文した人を求める。全体－2つの人数より、
　S；全体－TまたはUを注文した人数=540－400=140
　T；全体－SまたはUを注文した人数=540－480= 60
　U；全体－TまたはSを注文した人数=540－420=120
これらをベン図に描いたものが次の図である。

重なる空所をそれぞれア，イ，ウ，エと書いて分かるところを計算していく。

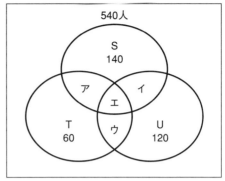

アイウエ全体＝540－（140＋60＋120）＝220‥①
ウ＋エ　　　＝120人・・・・・・・・・・・・・・・・・②
ア＋イ＋エ　＝340－140＝200・・・・・・・・・・・③
①と②より，ア＋イ＝220－120＝100・・・・・・・・④
③と④より，エ＝200－100＝100［人］

●5.

C

要素を取り上げてみると，男性・女性，と大人・子供です。
それぞれの比を取り上げると，男性：女性＝5：3，大人：子供＝4：1となり，これを表にまとめると次のようになる。

	大人	子供	合計
男性		1	5
女性	3		
合計	8		

ここで比の合計が男性と女性が5＋3＝8，大人と子供が4＋1＝5なので，比較し易くするため両方の合計を40にする。
40を両方にあてはまる合計をして全体の大きさを統一できる。

男性：女性＝5：3＝25：15　大人：子供＝4：1＝32：8　となる。
女性の中で大人と子供の比は11：4である。これを表にすると下のようになる。

	大人	子供	合計
男性	21		25
女性	11	4	15
合計	32	8	40

男性で大人の割合は，32－11＝21
求める男性で大人の人数：24÷4×21＝126［人］

●6.

D

問題の表から解けた問題を示してみる。

点数	10	8	7	5	3	2	0
人数	3	8	12	3	2	1	1
問題	LMN	MN	LN	NかLM	M	L	―

Nだけ解けた人が25人なので，5点のNの人数を求めると，25－（3＋8＋12）＝2［人］
5点でLMを解いた人は，3－2＝1人　よって，求めるLを解いた人は，3＋12＋1＋1＝17［人］

12 ◎年齢算［p.95］

●1.

E

娘の年齢をx歳とすると，父はその3倍より1歳多いので$3x＋1$，これが49歳になるので，
$3x＋1＝49$，$3x＝48$，$x＝16$

SPI　非言語分野

●2.

D

現在の息子の年齢をx歳とすると，5年後の年齢は，$x+5$，母はこの年齢の3倍なので

$$3(x+5)=52+5$$
$$3x+15=57$$
$$3x=42 \qquad x=14$$

●3.

A

子供の年齢をx歳とすると，父の年齢は$4x-3$，これが41なので

$$4x-3=41$$
$$4x=41+3$$
$$4x=44 \qquad x=11$$

●4.

C

父の年齢をx，子どもの年齢をyとすると，

現　在：$x=9y$ ・・・・・・・・・・・・・・・①

12年後：$x+12=3(y+12)$ ・・・・・・・②

①を②に代入

$$9y+12=3y+36$$
$$6y=24 \qquad y=4$$

これを①に代入して，$x=9×4=36$

●5.

C

父母のx年後の年齢の和は，

$$50+48+2x=98+2x$$

子供たちのx年後の年齢の和は，

$$19+14+2x=33+2x$$

2倍になるので，$98+2x=2(33+2x)$

$$98+2x=66+4x$$
$$2x=32 \qquad x=16$$

●6.

B

現在の子どもの年齢をx歳とすると，母の年齢は，$68-x$歳。

10年前の子どもの年齢は，$x-10$，

母の年齢は，$68-x-10=58-x$

これが子どもの3倍だったので，$58-x=3(x-10)$

$$58-x=3x-30$$
$$88=4x$$
$$x=22$$

●7.

A

現在72歳であるが5年前の家族全員の年齢は，4人家族なので$4×5=20$，$72-20=52$である。しかし，条件では54歳なので次女は生まれていないことになる。もし3人家族のままなら$72-3×5=57$歳になる。条件は54歳なので，次女の年齢は$57-54=3$歳になる。72歳から父と長女の年齢と母と次女の年齢の差である8を引いて2で割ると，母と次女の年齢の和が得られる。

$$(72-8)÷2=32$$

次女が3歳なので，母の年齢は$32-3=29$歳。

●8.

E

現在の母の年齢をx，息子の年齢をyとすると

2年前の母の年齢が息子の5倍なので，

$$x-2=5(y-2)$$
$$x-2=5y-10 \quad ・・・・・・・・・・・・①$$

6年後の母の年齢が息子の3倍なので，

$$x+6=3(y+6)$$
$$x+6=3y+18 \quad ・・・・・・・・・・・・②$$

①－②

$$\begin{array}{r} x-2=5y-10 \\ -)\ x+6=3y+18 \\ \hline -8=2y-28 \end{array}$$
$$20=2y$$
$$10=y \quad ・・・・・・・・・・・・・・・③$$

③を①に代入

$$x-2=5×10-10$$
$$x-2=50-10$$
$$x=40+2$$
$$x=42$$

●9.

C

2倍になるのをx年後とすると，

父母の年齢の和は，$52+44+2x=96+2x$

3人の子供の和は，$16+11+9+3x=36+3x$

よって，$96+2x=2(36+3x)$

$$6x-2x=96-72$$
$$4x=24$$
$$x=6$$

●1. ①

E

まず，y 軸のどこを通るかをチェックする。このグラフの場合は，−3のところを通っているので切片は−3となる。
切片が−3となっているのは，D: $y＝−2x−3$ とE: $y＝2x−3$ だけ。
直線 @ は右上がりなので傾き（a）はプラスとなる。
よって @ ＝$2x−3$

●1. ②

D

Ⅰより，切片が−3なので対象範囲はア，イ，エ，オ，キ，ク。さらにⅡより，切片が4なので，エ，オ，キ，ク
に絞られる。その要素だけが入っている番号を選ぶ。

●2. ①

D

　$y＞2x＋1$ の範囲
y は $2x＋1$ より大きいという範囲なのでグラフ上では，直線より上の範囲になる。該当エリアは，ア・イ・ウ・オ・キ・クである。
　$y＜x^2−3$ の範囲
この式では，y は $x^2−3$ より小さい，つまり放物線の外が該当する範囲になる。該当範囲はア・オ・カ・キ・サ・シである。よって，求める共通のエリアは，ア・オ・キになる。

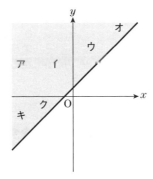 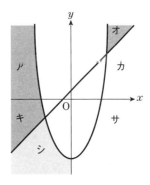

●2. ②

E

$x＜0$ ということは，x は0より小さいということである。
これは y 軸を境にして左側が該当範囲になる。従って，右側にあるオが範囲からはずれる。

●2. ③

C

Ⅰの直線から考えると，クは直線より上になるので，$y＞2x＋1$ の関係になる。
Ⅱの式を見ると $y＝x^2−3$ の放物線の内側に位置するので，$y＞x^2−3$ の関係になる。
Ⅲの $x＝0$ では，y 軸より左なので $x＜0$ となる。よって，該当する不等号の向きはⅢだけになる。

解答

●**1.** ①
B
才能：個人の一定の素質や訓練で得た能力。
非凡：衆人より優れている。
天性：生まれつき備わった性質。

●**1.** ②
B
進歩：物事が次第に望ましい方に進むこと。
上昇：のぼること，あがること。
交代：入れかわること。

●**1.** ③
D
貢献：力を尽くすこと。
協力：ある目的のために心を合わせて努力する。
従順：素直で人に逆らわないこと。

●**2.** ①
C
生産：人が有用な財を作り出すこと。
消費：使い尽くすこと。
資源：生産活動のもとになるもの。

●**2.** ②
C
慎重：慎み深く重々しいさま。
軽率：軽々しいさま。
愚鈍：頭の働きが悪く，することが間が抜けている。

●**2.** ③
D
栄転：職務や職場が従来より良い地位に移ること。
左遷：高い官職を低いものに落としたり遠隔地に赴
　　　任させる。

●**3.** ①
D
アとイは例と同じ反意語，ウだけが同意語。

●**3.** ②
E
アとウは例と同じ同意語，イだけが反意語。

●**3.** ③
A
アだけが例と同じ同意語，残りは反意語。

●**3.** ④
G
例と同じ全て反意語の関係。

●**3.** ⑤
C
例とウだけが反意語，アとイは同意語の関係。

●**3.** ⑥
H
例は同意語，ア，イ，ウは反意語の関係。

●**3.** ⑦
G
例は反意語の関係。ア，イ，ウも全て反意語の関係。

●**3.** ⑧
C
例とウは反意語，アとイは同意語。

●1. ①
E
サッカーはスポーツの一つという関係なので, 宅配便は何の一部かと考える。すると, 運輸という仕事の一つになる。

●1. ②
D
ノートー記録の関係は, 製品と用途の関係である。たんすの用途を考えると, 収納がふさわしい。

●1. ③
A
「相撲 ー 国技」の関係は, 競技とその範疇の関係。ジャズは何の範疇かと考えると, 音楽になる。

●1. ④
B
「金星 ー 太陽系」の関係は, 惑星と全体の構成である。こうもりは何の一部かと考えると, 哺乳類である。

●1. ⑤
A
「はさみ ー 裁断」の関係は道具とその用途の関係。そろばんの用途は, 計算である。

●1. ⑥
A
「教師 ー 教育」の関係は, 職業と目的。医者の目的は病気を治す治療である。

●1. ⑦
E
「ワールドカップ ー サッカー」の関係は, 世界大会とその競技の関係。ウィンブルドン選手権は何の競技かと考えると, テニスである。

●1. ⑧
B
「ボクシング ー グローブ」の関係は, 競技と道具。剣道に使う道具は竹刀である。

●1. ⑨
E
「フィリピン ー マニラ」の関係は, 国家ー首都の関係。アメリカの首都はワシントン D.C.。

●1. ⑩
D
「一万円 ー 福沢諭吉」の関係は, 紙幣と印刷されている人物。五千円札は樋口一葉である。

●1. ⑪
E
「オゾン層破壊 ー フロン」の関係は, 地球環境破壊の現象とその主な原因。温暖化の主な原因は, 二酸化炭素の排出によるものである

●1. ⑫
B
「家事 ー 洗濯」は, 家事＞洗濯の関係で, 家事の中に洗濯が含まれる。調味料の一部になるのは味噌である。

●1. ⑬
A
「コンピュータ ー 情報処理」は, 道具とその機能なので, 自動車の機能を考えると移動である。

●1. ⑭
D
「きな粉 ー 大豆」の関係は, 製品ー原料の関係。湯葉の原料は豆乳である。

解答

●1.
D
「昨日，君のお父さんにお会いしました。」が正しい表現。逆に身内のことは謙譲語で表現すること。

●2.
E
A〜Dは，謙譲語である。

●3.
B
家内は謙譲語，その他は，尊敬の意味を含む語。

●4.
B
自社を他人に言う場合，自分の会社は基本的には，尊敬語は使わない。へりくだる言葉としては「弊社」「小社」が一般的である。

●5.
D
「食べる」ー「いただく」は，「原型ー謙譲語」の関係。
A，B，Cの組み合わせはすべて「原型ー尊敬語」の組み合わせ。

●6.
B
「ご注意申してください」→「ご注意なさってください」
「ご注意」は，尊敬語，「申して」は謙譲語。1つの文に2つの敬語が入っているので不自然な表現になる。

●7.
B
「おいしゅうございます」は丁寧語である。

4 ◎ことわざ・慣用句 [p.108]

●1.
E
右往左往：混乱してあちこち走り回る様子

●2.
B
竜頭蛇尾：最初は勢いが盛んだが最後は振るわないこと

●3.
D
危機一髪：髪の毛一本の差まで危機がせまること（「危機一発」と間違えやすいので注意）

●4.
A
栄枯盛衰：盛んになったり衰えたりすること

●5.
E
千載一遇：そうそうない大変恵まれたチャンス（「偶」，「隅」ではない）

●6.
A
花鳥風月：自然の風物の美しい景色

●7.
B
是々非々：いいは良い，悪いは悪いと公平に判断すること

●8.
D
内憂外患：内外共に心配事があること

●9.
D
五里霧中：方向がわからないので迷って思案に暮れること（「夢中」ではないので注意）

●10.
E
一日千秋：1日が千年に感じるほどとても待ち遠しいこと

●**11.**
C
晴耕雨読：天候に任せた気ままな生活
平穏無事：穏やかで変わりないこと

●**12.**
A
空前絶後：前後に例がないくらい珍しい
神出鬼没：自由自在に現れたり隠れたりすること
一衣帯水：一筋の帯のように狭い川や海

●**13.**
B
不言実行：だまって実行すること
巧言令色：口先がうまく，媚びること
言語道断：もってのほか
片言隻語：ちょっとした言葉

●**14.**
C
一喜一憂：喜んだり悲しんだり落ち着かない様子
切磋琢磨：仲間同士励ましあって学徳を磨くこと

●**15.**
E
森羅万象：宇宙の全ての事柄や起こる事柄
自業自得：自分の行いの報いを得ること
不即不離：着かず離れずの関係

●**16.**
D
弱肉強食：強いものが弱いものを潰して栄える
こと
白画自賛：自分でしたことを自分で褒めること
換骨奪胎：人の詩文から独自の価値を生み出す
こと

●**17.**
E
縦横無尽：思い通りに自由にすること
利害得失：得るものと失うもの
因果応報：結果には必ず原因があるということ

●**18.**
A
有名無実：名ばかりで実質が伴わないこと
我田引水：自分の都合のいいように取り計らう
こと
外柔内剛：外見は優しそうだが心はしっかりし
ていること

●**19.**
B
不言実行：黙って実行すること
片言隻語：ちょっとした言葉

●**20.**
C
以心伝心：自分が思うことは相手にも伝わりやすい
意気投合：お互いの気持ちが合うこと

解答＆解説

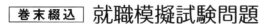

巻末綴込 就職模擬試験問題

●1. B
▶2人で5日で終わることは，仕事全体は10（人×日数）になります。そのため，5人で仕事をすると10÷5＝2日で終わる。

●2. F
▶電車が出会うまでの時間に2つの電車が進む距離は，橋の長さということになります。
$$240 \times 1000 \div 3600 = \frac{600}{9}$$
≒67[m／秒]
10秒で過ぎたので，67×10＝670　670m進む。

●3. B
▶もともとは，1500×30＝45000円が集まるはずでした。それが10％引きになったので，支払額は，45000×0.9＝40500円

●4. F
▶2つ目の命題の対偶をとります。対偶とは「AならばBである」が真の時「BでなければAではない」という関係です。すると「英語の得意な人は，国語が得意である」となります。これと1つ目の「僕は英語が得意だ」から「僕は国語が得意だ」となり，イとウが正解。

●5. E
▶10％250gに含まれる塩の量は，10×250÷100＝25g，3％100gに含まれる塩の量は3g，合わせて25＋3＝28g，合わせた食塩水の量は，250＋100＝350g

よって，求める濃度＝$\frac{塩の量 \times 100}{食塩水の量}$ より，
$$\frac{28 \times 100}{350} = \frac{2800}{350} = 8\%$$

●6. C
▶2時間で12km進むためには，時速6kmで進めばよいから，6000m/時，これを分速に直すと，6000÷60＝100m/分

●7. F
▶原価×（1＋利益率）＝定価　より，
1500×（1＋0.3）＝1950[円]

●8. B
▶x年後に3倍になるとすると，母は（39＋x）歳，子どもは（9＋x）歳。
39＋x＝3（9＋x）より，　39＋x＝27＋3x
2x＝12　　∴x＝6[年後]

●9. A
▶円形や一周する場合は，そのまま割り算すればよい。
200÷5＝40[本]

●10. D
▶階段を1階分かけあがるのに必要な時間は，224÷7＝32秒。21階までは階段が20あるので，所要時間は32×20＝640秒

●11. E
▶1回目外れの確率は $\frac{9}{12}$，
2回目外れの確率は $\frac{8}{11}$，3回目外れの確率は $\frac{7}{10}$，
3回とも外れる確率は，　$\frac{9}{12} \times \frac{8}{11} \times \frac{7}{10} = \frac{504}{1320}$
＝$\frac{21}{55}$

●12. B
▶2つのサイコロをふって和が6になる確率を求めるときは，全部で何通りかを探す。1つにつき1～6の6種類の数があるので全部で6×6＝36通り。次に和が6になる組み合わせを考えると(5，1)(4，2)(3，3)(2，4)(1，5)の5種類。

よって求める確率は，$\frac{5}{36}$

●13. C
▶例えば（赤，白）（白，赤）は，取り終えた後の色が同じなので1種類となるので，組み合わせは全部で6×5＝30通りになるが，実際にはその半分の組み合わせしかない。

$_6C_2 = \frac{6 \times 5}{2 \times 1} = 15$[通り]

●14. C
▶7％の食塩水300gに入っている塩の量は，（％）×(g)÷100で出せる。7×300÷100＝21[g]

●15. E
▶2進法で表す場合は，2で割り算をし，その答えを2で割り続ける。
6÷2＝3…0　3÷2＝1…1　1÷2＝0…1
となり，それらの余りを逆に並べて110となる。

●16. A
▶2進法の101001は10進法にするときは，一の位の数はそのままで，次から順に1のついた位の累乗を足した数の和で求めることができる。
$2^5 + 2^3 + 1 = 32 + 8 + 1 = 41$

10進法の41を5進法で表す場合は、41を5で割れなくなるまで割って余りを書き出し、それを繰り返す。5進法に直すと、

  $41÷5＝8…1$　$8÷5＝1…3$　$1÷5＝0…1$
この余りを逆から読み上げて131となる。

●17. D
▶400÷8＝50とすると、初めの0地点にも1本植える必要があるので1を足す必要がある。
  $400÷8＋1＝51[本]$

●18. D
▶分かっている数字からベン図に落とし込み、人数を求める。

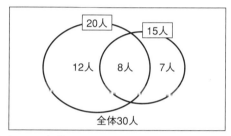

20人　15人
12人　8人　7人
全体30人

できなかった人数は、
  全体ーできた人数＝30ー（12＋8＋7）＝3人

●19. C
▶大人、子供、男性、女性の4つの要素があるので、ベン図ではなくカルノー表を使うと便利。分かっている人数を表にするとこのようになる。

	大人	子供	合計
男性		4	
女性			18
合計	23		38

ここから全ての項目を記入しておく。
①から⑤のように、順に計算ができるところから求めていくと、全て当てはまるようになっている。

	大人	子供	合計
男性	④ 16	4	② 20
女性	⑤ 7	③ 11	18
合計	23	① 15	38

●20. ①—D
▶大腸は消化器の1つである。左にある大腸が右にある消化器に含まれるという関係である。これと同じ関係で、順番が同じ組み合わせを考える。
　　ア　心臓は循環器の1つである（○）
　　イ　携帯電話は通信機器の1つである（○）
　　ウ　感覚は味覚のひとつではない（×）。順番が逆ならば正解になる
よって、正解はアとイとなる。

●20. ②—D
▶クルマの数え方は「台」である。これは「ものと単位」の関係である。
　　ア　和歌の数え方は「首」である（○）
　　イ　鏡の単位は、「面」である（○）
　　ウ　ウサギを数える単位は「匹」ではなく「羽」である（×）

●20. ③—F
▶「植物：ひまわり」の関係は、左の植物は右のひまわりを含むA＞Bという関係である。
　　ア　石鹸：洗剤の関係は、左の石鹸が右の洗剤に含まれる（逆である）A＜B（×）
　　イ　調味料：コショウの関係は、左の調味料は右のコショウを含むA＞B（○）
　　ウ　家事：洗濯の関係は、左の家事は右の洗濯を含むA＞B（○）

●21. D
　　A　ありのままで、飾り気のないさま。素朴。
　　B　物柔らかな様子
　　C　他の意志や命令に従うこと
　　D　相手の言うことを聞いて逆らわない様子
　　E　人として自由や権利を奪われ、私有財産として売買され、他人の支配下で強制労働に服する人

●22. D
　　ア　目にする→見る
　　イ　口にする→食べる、発言する
　　ウ　耳にする→聞く
　　オ　首にする→解雇する

●23. E
▶「ふつふつ」は「沸々」と書きます。そもそもは湯などがわきたつさまから、ある感情が強く起こることを指します。

●24. D
▶文章の並び方としては、①テーマとなる文章、②概略の説明、③部分の説明というように、大きな表現から細かい表現に進むというのが自然である。また、「しかし」「また」「だから」のように、前の文章の続きとなる接続語がある文章は先頭に来ることはない。この考え方に沿って捉える。選択肢では1番目がエとイしかないので、その2つでどちらがテーマに合うかを判断する。次にカモノハシの説明で続く文章を次の選択肢のアとイから選ぶ。すると、イの「その外見」という記述がエに続くのにふさわしい。その次に続く文章を次の選択肢ア、ウ、オから選ぶと、意味が続くオの体の部分の説明になる。オの説明の流れから残りのウとアから意味を捉えると、意味が変わることを表す「その生態も不思議で」というウが適切である。それを受けてアの文章を置くと自然な文章の流れになる。ただし、オの後にアが来ても文章としては不自然ではない。しかし、選択肢にないので解答はDとなる。

高校生の就職試験

一般常識
&
SPI